"A beleza deste livro se pe[rcebe na] [contribuição] dos Gettys para a igreja na última década. A sua contribuição não é significativa devido ao extraordinário, mas por sua simplicidade. São cristãos simples que tiveram impacto extraordinário, não por suas credenciais musicais ou teológicas, mas por seu desejo e disposição de se dedicarem às coisas comuns. *Cante!* é uma exposição das coisas comuns que permitem que os Gettys sejam usados pelo Senhor para abençoar, encorajar e estimular tantos de nós a 'cantar ao Senhor um cântico novo', como também a amar e apreciar os antigos. Que este livro prático, pastoral, teológico, acessível e deleitoso ajude e abençoe a muitos. Que ele nos encoraje a todos a cantar! *Cante!*"

Voddie Baucham Jr., deão de Educação Teológica, Universidade Cristã Africana em Lusaka, Zâmbia

"Eis um livro que vale a pena comprar. Cheio de entendimento bíblico, prático, que, entendido e guardado no coração, revolucionará o canto congregacional."

Alistair Begg, pastor da Radio *Truth for Life* e editor geral da Bíblia de Estudos de Spurgeon

"*Cante!* é simplesmente maravilhoso! É um tesouro de princípios que estavam perdidos e agora se descobrem para uma nova geração de adoradores. *Cante!* Lembra a mim e a minha família que Deus usa a música e a Palavra para transformar o mundo, e que nossa parte nesse seu processo de renovar todas as coisas é abrir a nossa boca."

Kirk Cameron, ator e produtor de filmes

"Com rara combinação de entendimento teológico, as lições formadas por anos de experiência prática, e surpreendente leiturabilidade, este livro é simultaneamente evocativo, informativo e acessível."

D. A. Carson, autor, presidente
e fundador de The Gospel Coalition

"Os Gettys têm nos ajudado a cantar por anos, através das músicas que escrevem. Agora eles nos ajudam de maneira diferente. Este livro nos encoraja a reconhecer que cantar é parte importante da vida espiritual. Cada capítulo é curto e fácil de ler. Cada um também termina com boas perguntas, úteis para pessoas individualmente, estudos bíblicos, ou classes de escola dominical — leia, desfrute, discuta — e, *Cante!*"

Mark Dever, pastor titular, Igreja Batista
de Capitol Hill, Washington D.C.

"Este livro prático tem quatro características importantes: foi escrito por músicos e compositores experientes; desafia todo o corpo de Cristo, incluindo líderes pastorais e de louvor, como também músicos cristãos profissionais, a adorar de modo significativo; toca a adoração pessoal, da família e da congregação; oferece perguntas úteis para discussão, dando um arcabouço para estudos e reflexões em grupos. Este livro será usado amplamente para promover a música de louvor e adoração na igreja."

Matthew Ebenezer, presbítero mestre da Igreja Presbiteriana Reformada da Índia

"Se existe uma área de necessidade especial de reforma de culto nas igrejas evangélicas, é no canto congregacional. Sou muito grato pelo coração dos Gettys neste aspecto vital de nossa comunhão com Deus. Um lugar para começarmos essa recuperação é entender por que cantar juntos é tão importante. Este livro nos ajuda. As pessoas e seus pastores precisam igualmente ler."

Ligon Duncan, presidente do
Reformed Theological Seminary

"A música de Keith e Kristyn sempre inspira meu louvor e, ao mesmo tempo, torna mais profunda a minha fé. Em uma época quando muita música cristã contemporânea é superficial, vazia e teologicamente sem firmeza, eles são um time de duas pessoas cujas músicas suportarão a prova do tempo."

Os Guinness, autor de *The Call*

"Em algum lugar pelo caminho, parece que a igreja ocidental começou a pensar que o canto era apenas para cantores. Com este livro, os Gettys nos trouxeram de volta à verdade essencial de que cantar é para crentes. Uma vez que entendamos isso, a pergunta: 'Você tem boa voz?' muda para: 'Você tem uma boa canção?' *Cante!* Este livro nos ajuda a descobrir todas as razões certas pelas quais Deus pôs em nosso coração um novo cântico no momento em que nós o encontramos. Obrigado, Keith e Kristyn, por esta mensagem vital."

Mike Harland, diretor de LifeWay Worship Resource

"Este livro reluz com ideias. Neste mundo atormentado, não existe maior alegria do que as profundas verdades do amor de Jesus nascidas de grandes textos e melodias, levadas do domingo para a vida cotidiana e para a vida eterna. É isso que fazem os Gettys. Eis o 'Por quê?' e o 'Como?'"

Matthew Harrison, presidente de LCMS

"Keith e Kristyn têm servido a igreja por meio de suas músicas durante anos. Agora, deram um passo a mais e nos servem com o seu livro, *Cante!* É um tesouro de conselho bíblico prático e evangélico para aqueles que amam cantar, querem cantar, ou mesmo pensam que não sabem cantar."

Bob Kauflin, diretor de Sovereign Grace Music

"Jonathan Edwards disse que 'nenhuma luz no entendimento será boa se não produzir santos afetos no coração'. Tanto em sua música quanto agora neste livro, Keith e Kristyn Getty demonstram como o canto centrado em Deus cria 'santos afetos' no coração do povo de Deus. Portanto, insisto que qualquer que esteja preocupado em dar a nosso Deus a adoração que ele merece, leia este livro junto com o *Tratado de Afetos Religiosos*, de Jonathan Edwards."

Samuel Logan, presidente emérito do *Westminster Theological Seminary* e diretor internacional associado de World Reformed Fellowship

"Amo Keith e Kristyn Getty! Como amigos, compositores e líderes de louvor. Eles nunca deixam de edificar e inspirar meu coração a cantar! Oro para que não somente a sua música, como também este livro, faça o mesmo na vida de outros."
Anne Graham Lotz, autora, palestrante

"Os Gettys são preciosa bênção do céu para enriquecer nosso louvor. Têm sido usados pelo Senhor, oferecendo música teologicamente rica, agradável para se cantar, para a igreja nesta geração. Mais que quaisquer outros, eles têm liderado o tão aguardado avivamento de hinos que sempre foram a verdadeira música da igreja."
John McArthur, pastor da *Grace Community Church*

"Tenho monitorado as tendências na música da igreja de hoje, e ansiado por ver alguém com percepção profunda e coragem para escrever um livro como este. Não basta recomendá-lo a você. Eu também recomendo que o transmita a sua igreja, seu pequeno grupo, seu coral, e mesmo aos amigos da sua lista de Natal. Temos de falar sobre o que acontece no louvor de hoje. Temos de nos certificar que estamos cantando ao Senhor com toda sua verdade fluindo do nosso coração e enchendo os pulmões, agradando a nosso Senhor. Para isto fomos criados, mas temos perdido essa visão. Deixe que Keith e Kristyn lhes deem lições de canto para a alma com este livro que ressoa com as suas convicções e experiências. Leia o livro e *Cante!*"
Robert Morgan, autor de *Then Sings My Soul*
(*Canta, minha alma*)

"Este livro nos lembra que muitas vezes o meio mais efetivo de mostrar o evangelho a nossos filhos vem quando ensinamos as grandes verdades, contidas nas letras dos hinos e cânticos espirituais que cantamos juntos como família. Espero que este livro motive mais mães e pais a se certificarem que seus filhos memorizem os hinos de Watts, Wesley, Toplady, e tantos outros."

Bob Lepine, vice presidente de FamilyLife Today, Apresentador de Radio

"Tenho lido muito sobre a adoração e a música no culto — mas nunca antes simplesmente sobre cantar! Que assunto maravilhoso, e que livro maravilhoso. Eu não achava que precisava de mais uma razão para ser grato a Keith e Kristyn Getty. Mas agora tenho!"

Richard Mouw, presidente emérito
do *Fuller Theological Seminary*

"Um dos primeiros livros de Martinho Lutero enfatizava duas coisas essenciais ao culto na igreja: o sermão e o canto congregacional. Este livro dos Gettys faz um chamado urgente aos cristãos de nossos dias, para que não abram mão do grande privilégio de cantar o louvor devido a nosso Criador e Redentor. Leia, e em seguida, *Cante!*"

Stephen J. Nichols, presidente de Faculdade Bíblica Reformada, Ministérios Ligonier

"Keith e Kristyn Getty são meus bons amigos e boas dádivas de Deus à igreja. Ensinam, ajudam e lideram-nos no cântico, de forma a reverenciar a santidade de Deus, refletir a Palavra de Deus, edificar a igreja de Deus, compelindo-nos em nossa missão por Deus em um mundo que precisa desesperadamente conhecer a sua glória."
David Platt, autor de *Radical*
e presidente da Missão Internacional

"Keith e Kristyn têm sido inspiração para mim, como para muitos outros. Este grande livro é um tratado desafiador sobre o cantar cristão que todo pastor e dirigente de louvor, não importa qual a sua cultura, deve praticar junto com a Bíblia, para que o cantar da igreja seja a maior parte da experiência transformadora de vida que é a adoração."
Yusin Pons, líder de louvor e compositor de hinos,
Convenção Batista de Cuba Ocidental

"*Cante!* não é apenas um livro; é uma revolução. A música de Keith e Kristyn Getty tem sido um movimento em nossas igrejas. Agora este livro tira o movimento do palco e o leva para a congregação. Que presente os Gettys são para nossas igrejas! Que presente é este livro para o futuro da igreja."
Thom S. Rainer, autor de *I Am a Church Member*
e presidente de *LifeWay Christian Resources*

"Tem muita gente que canta 'por amor à arte', embora isso soe muito artístico. Quando falamos sobre cantar a Deus, fazê-lo 'por amor à arte' não basta. Keith e Kristyn combinam a precisão bíblica e escrita ágil para nos mostrar o privilégio e a beleza de adorar o Senhor por meio do canto. Este livro fácil de ler já se tornou referência que certamente ajudará na formação de uma nova geração de adoradores no contexto pessoal como também na família e na congregação."

Otto Sanchez, autor e pastor da Igreja Batista Ozama em Santo Domingo, República Dominicana

"Estou muito empolgado com o novo livro de Keith e Kristyn: é curto, muito fácil de ler, enquanto aborda a questão profundamente compelidora de cantar, ferramenta chave para o discipulado em nossa vida pessoal, nossas famílias, na igreja, e até mesmo em alcançar os 'millennials'. Eu especialmente gostei da 'faixa bônus' para pastores, como catalisador para verificar se estou sendo fiel em encorajar a minha congregação a cantar para a glória de Deus. Este livro é um verdadeiro presente para a igreja do século XXI. Isso nos leva a desejar realmente cantar!"

Ronald Scates, pastor titular da
Primeira Igreja Presbiteriana (ECO), San Antonio, Texas

"Amei totalmente este livro. Por quê? Porque tem um maravilhoso tom, é profundo e rico, bíblico, prático, informativo, perceptivo e de grande ajuda. Desculpe o trocadilho, mas eles cantam a minha música. Deve ser leitura obrigatória para todos os que escrevem música cristã contemporânea."

Mike Sharrett, pastor auxiliar da
Igreja Presbiteriana Calvário (PCA), Willow Grove, PA

"Conhecemos e frequentemente usamos com alegria a música dos Gettys em nossa igreja local. Em nossa opinião, ela se alinha a aos critérios bíblicos para a música na igreja. São músicas maravilhosas em todos os níveis, e causam profundo impacto na vida de adoradores."

E.J. (Rassie) Smit, membro da Comissão Litúrgica do Sínodo Geral das Igrejas Reformadas, África do Sul

"Poucos conseguem cativar a visão do verdadeiro propósito do culto congregacional como meu amigo Keith Getty. Da mesma forma que as suas músicas têm nos abençoado por décadas, este livro é um presente para a igreja, e inspira qualquer pessoa que anseie entender o quanto o nosso cantar congregacional está perto do coração de Deus."

Laura Storey, líder de louvor e compositora

"Uma coisa é cantar uma música de louvor a Deus sozinho; é outra bem diferente quando amigos cristãos se juntam com harmonia. Deus nos projetou e criou para que cantássemos juntos! Keith e Kristyn têm paixão por fazer com que a igreja cante em comunidade, com vozes se unindo em doces acordes; e o seu novo e surpreendente livro *Cante!* serve como guia prático para reintroduzir na igreja os hinos clássicos e contemporâneos da fé. Você pode levar um ministério de música renovado, abençoado pelo Espírito, a seu pequeno grupo ou sua congregação, usando o livro que tem em suas mãos... então, vire as páginas... e comecem a cantar!"

Joni Eareckson Tada, Joni and Friends International Disability Center

"Sou grato pela música de Keith e Kristyn Getty. Sua música tem sido aceita globalmente, e as igrejas australianas em especial foram encorajadas a encontrar a voz de cântico por meio de suas músicas para todos os tempos. Tenho visto diversas congregações ao redor da Austrália, de todas as faixas etárias, encontrar voz comum por meio das músicas excelentes, fáceis de cantar, profundamente ricas de Keith e Kristyn. Não poderia ser mais grato por este novo livro e aguardo que as igrejas australianas encontrem mais um maravilhoso recurso dos Gettys que nos encoraja a ter prazer em nosso canto e permita que nosso cantar dê forma à nossa missão como parte da igreja global.

Tive o privilégio de assistir muitos dos treinamentos de Keith quando viajávamos pelos Estados Unidos, e agora todo aquele entendimento e encorajamento está incluso neste novo livro *Cante!* Tenho visto as gerações mais novas na Austrália se envolverem com a beleza do evangelho por meio das músicas de Keith e Kristyn, e sou grato por sua paixão em estimular a igreja global a cantar, mais obviamente por meio de suas próprias composições musicais excelentes e para todos os tempos, agora com seu mais recente recurso para as igrejas em todo lugar: *Cante!*"

Nathan Tasker, ganhador de prêmios como
cantor e compositor australiano,
palestrante e diretor de Art House, Nashville, Tennessee

"Parece que o canto congregacional é ordem bíblica que muitos esqueceram. Aqui em *Cante!* os Gettys falam por que é tão importante e como trazer isso de volta. Você e sua igreja precisam deste livro."

Ed Stetzer, cátedra distinta Billy Graham, Wheaton College

"Como quem procura comunicar a Palavra de Deus, sou bastante cônscio de que as músicas têm grande poder de ensino. Elas alcançam o coração e mobilizam a vontade muito profundamente. Portanto, sou muito grato pela fidelidade à Escritura que caracteriza as músicas de Keith e Kristyn. As músicas nos levam à verdade ou nos afastam da verdade; portanto, temos de celebrar aqueles cujos dons musicais estejam tão maravilhosamente submissos à autoridade da Escritura."

Rico Tice, pastor titular, All Souls Langham Place, fundador, Ministérios Explorados pelo Cristianismo

"Em *Cante!* Keith e Kristyn descrevem alguns dos temas essenciais que têm dado forma e renovado nosso canto congregacional aqui na The Village Chapel. *Cante!* forma, inspira e encoraja os líderes de igrejas a considerarem como podem levar suas congregações a uma adoração mais firme do Deus vivo. É leitura essencial, um chamado essencial, em um tempo essencial."

Jim Thomas, pastor da The Village Chapel, Nashville, Tennessee

"Um dos maiores tesouros da igreja é o canto congregacional. Quando você une sua voz à voz de seus irmãos e irmãs no louvor ao Rei Jesus, está olhando para Deus como o Redentor e, ao seu redor, para o povo que foi redimido. *Cante!* é um livro de encorajamento e advertência; um guia que ajudará a próxima geração a não perder o tesouro precioso de cantar juntos."

Trevin Wax, autor de *This Is Our Time, Counterfeit Gospels,* and *Gospel-Centered Teaching*

"Não conheço outro livro que faz o que este dos Gettys faz no canto da congregação. É informativo, convincente, motivador, que todo pastor, bem como todo cristão sério, deve ler."
Paul Tripp, autor e presidente dos Ministérios Paul Tripp

"Para um seguidor de Jesus, marido, pai, avô e pastor como eu, *Cante!* atinge uma esfera da vida que não tem sido suficientemente tratada: cantar e nossa formação espiritual como povo, especialmente em comunidade. Como pastor, este último aspecto é especialmente significativo (e de ajuda) para mim."
Dean Weaver, pastor da Memorial Park e moderador da Igreja Evangélica Presbiteriana

"Keith e Kristyn Getty entregaram suas vidas para demonstrar o poder de músicas doutrinariamente fiéis, inspirando uma nova geração de pessoas a que amam cantar. Agora escreveram um livro maravilhoso para nos mostrar por que e como isso pode ser feito. Nós o recomendamos com entusiasmo a você."
Robert e Nancy (DeMoss) Wolgemuth, autores e palestrantes que amam cantar ao Senhor

Como o louvor transforma sua vida, sua família e sua igreja

Keith & Kristyn Getty

G394c Getty, Keith
      Cante! : como o louvor transforma sua vida, sua família e sua igreja / Keith e Kristyn Getty ; [tradução: Elizabeth Gomes]. – São José dos Campos, SP : Fiel, 2018.

      168 p.
      Tradução de: Sing!
      Inclui referências bibliográficas.
      ISBN 9788581325286

      1. Canto – Aspectos religiosos – Cristianismo. 2. Culto. 3. Culto público – Cristianismo. 4. Música sacra. 5. Vida cristã. 6. Formação espiritual. I. Getty, Kristyn. II. Título.

CDD: 246.75

Catalogação na publicação: Mariana C. de Melo Pedrosa – CRB07/6477

CANTE! Como o louvor transforma sua vida, sua família e sua igreja

traduzido do original em inglês: *Sing*

Copyright © 2017 by Getty Music Songs, LLC

∎

Publicado originalmente por B&H Publishing Group
Nashville, Tennessee
Dewey Decimal Classification: 264.2

Copyright © 2018 Editora Fiel
Primeira edição em português: 2018
Todos os direitos em língua portuguesa reservados por Editora Fiel da Missão Evangélica Literária

Proibida a reprodução deste livro por quaisquer meios sem a permissão escrita dos editores, salvo em breves citações, com indicação da fonte.

∎

Diretor: Tiago J. Santos Filho
Editor: Tiago J. Santos Filho
Tradução: Elizabeth Gomes
Revisão: Marilene Lino Paschoal e
          Voleide Alves Gonçalves
Diagramação: Rubner Durais
Capa: Rubner Durais

ISBN: 978-85-8132-528-6

Caixa Postal 1601
CEP: 12230-971
São José dos Campos, SP
PABX: (12) 3919-9999
www.editorafiel.com.br

Dedicado às três pequenas cantoras
Que o Senhor nos deu —
Nossas filhas, Eliza, Charlotte e Grace.

SUMÁRIO

Como usar este livro..19

Prelúdio. Cante!..21

1. Criados para... cantar!..29
2. Ordenados a... cantar!..41
3. Compelidos a... cantar!.......................................49
4. Cante!... com o coração e a mente!....................63
5. Cante!... com a sua família!................................79
6. Cante!... com a igreja local!................................95
7. O testemunho radical quando as congregações... cantam!......109

Poslúdio: Você quer cantar?....................................121

Faixas Bônus..125

  – *Faixa um: Para pastores e líderes na igreja*................127

  – *Faixa dois: Adoração e líderes de louvor*...................135

  – *Faixa três: Músicos, corais e produção*.....................145

  – *Faixa quatro: Compositores e poetas*........................155

Agradecimentos..165

COMO USAR ESTE LIVRO

Neste livro, a intenção é ter uma leitura direta de um conteúdo que ajude pessoas, mas nós o organizamos de modo a inspirar discussões em grupos, dentro da igreja como um todo. Como se trata de um tema que depende da comunidade, a leitura ideal deste livro é dentro de uma comunidade de leitores, ou melhor, uma comunidade de cantores (que todos nós somos). Com esta finalidade, aqui estão algumas sugestões sobre o seu uso:

1. Campanha de seis semanas com a igreja
   Estimular todos os membros da igreja no chamado a ser uma igreja que canta, terminando com uma noite de cânticos por todas as igrejas ou, quem sabe, pela cidade toda.

2. Em um Clube de Livro ou Grupo
   Múltiplos grupos em uma igreja, ou talvez apenas naqueles grupos que se reúnem em uma noite especial da semana.

3. Entre Líderes, Corais e Grupos Musicais
   Pastores, equipe e líderes leigos (no final deste livro, você encontra "Faixas Bônus" que acrescentam conteúdo dirigido aos líderes).

PRELÚDIO

CANTE!

> *Vinde, cantemos ao SENHOR, com júbilo,*
> *celebremos o Rochedo da nossa salvação.*
> *Saiamos ao seu encontro, com ações de graças,*
> *vitoriemo-lo com salmos.*
> Salmos 95.1–2

Temos de falar sobre cantar.

Cantar é a razão que, em 2006, saímos da mais bela ilha de esmeralda sobre a Terra para vir a um novo e maravilhoso lar na América. Viemos da Irlanda do Norte fazer uma turnê e entregar nossa composição de hinos, pelos Estados Unidos e pelo mundo inteiro. Ainda que a maior parte de nosso trabalho tenha sido musical — cantando e tocando — no decorrer dos anos, gradativamente, temos nos encontrado falando cada vez mais sobre o que é cantar. Não cantar na frente, no palco, mas o cântico de toda a igreja — cântico congregacional. É o tipo de canto que nunca cansamos de tratar — não só porque, como irlandeses, gostamos de falar, mas porque como cristãos consideramos que isso seja algo sobre o qual *precisamos* falar.

No início de nosso tempo viajando em turnê, começamos a promover almoços de liderança como parte de nossa estada em determinada cidade. Eram basicamente conversas sobre a música na igreja, enquanto comíamos com pastores e líderes de música naquela cidade. Com o tempo, notamos que os líderes que participavam faziam perguntas inteligentes sobre estilo, escolha de músicas, composição, produção, relacionamentos, treinamento, som, e assim por diante, — mas havia uma pergunta que raramente ouvíamos, enquanto eles refletiam sobre suas próprias igrejas:

"Como a congregação canta?"

O cântico da congregação não parecia ser fator chave, nem mesmo primário, para determinar como a música em um culto de adoração estava sendo entoada. Quase ninguém pedia que falássemos sobre isso.

Quem sabe, você também não queira falar a esse respeito.

Talvez para você, cantar é uma parte dolorosa da vida da igreja, porque alguém que antes estava ao seu lado não está mais ali, ou porque suas lutas da semana parecem apertar suas cordas vocais aos domingos. Talvez simplesmente você não tenha muito tempo para pensar nisso, porque é pai ou mãe que acabou de enfrentar a luta de tentar conseguir que a família inteira chegue à igreja; tendo dormido pouco, tomado cafeína demais, cantando com um olho na tela e outro nos filhos, ansiando por essas verdades cantadas serem o ar que sopra na sua alma (conhecemos muito bem esse sentimento).

Mas, talvez, você esteja começando a pensar nisso porque é estudante, e as complexidades cada vez maiores da vida, do estudo e da fé nem sempre parecem estar ligadas ao que você canta no domingo.

Ou, por ser um líder ou pastor que deseje ver as pessoas cantando de coração aquilo que você ensina, talvez você an-

Prelúdio. Cante!

seie por falar sobre isso com segurança, mas não tem muita certeza de como navegar pela confusão da música de igreja, ou nem mesmo sabe onde você quer que chegue a música da sua igreja.

Assim, por mais que pensemos sobre cantar, percebemos a verdade que somos convidados a entrar no mesmo conceito musical, pois a Igreja tem sido, é, e sempre deve ser uma igreja que canta com alegria. Em certo sentido, cantar faz parte do que existimos para fazer. O apóstolo Pedro escreveu a igrejas locais dizendo que cada um de seus membros fazia parte da "raça eleita, sacerdócio real, nação santa, povo de propriedade exclusiva de Deus, a fim de proclamardes as virtudes daquele que vos chamou das trevas para a sua maravilhosa luz" (1Pe 2.9). Paulo recomendou aos membros da igreja de Éfeso a sempre falar "entre vós com salmos, entoando e louvando de coração ao Senhor com hinos e cânticos espirituais, dando sempre graças por tudo a nosso Deus e Pai, em nome de nosso Senhor Jesus Cristo" (Ef 5.19-20).

Embora talvez mal compreendido e geralmente uma fonte de contendas, o canto congregacional é uma das maiores e mais belas ferramentas que recebemos para declarar as "excelências" de Deus, fortalecendo sua igreja e compartilhando sua glória ao mundo.

O Novo Testamento deixa implícito que o nosso cantar é importante. Foi dito que os cristãos são um povo que canta — mas, frequentemente, muitos de nós somos mais alguém que balbucia as palavras do que cantantes de coração.

Este livro trata de cantarmos juntos, como igreja, de modo a impactar toda a nossa vida. Este livro é uma conversa com toda a igreja, incluindo você, quer o seu cantar seja para você como a voz de um amigo chegado ou a voz de um estranho desajeitado. Este livro explora algo que faz parte da vida de adoração de todo seguidor de Cristo. Existem muitos livros que nos ajudam a crescer e nos treinam em nosso estudo bíblico e oração, em nosso serviço aos outros e em evangelismo, mas não muitos que nos ajudam a cantar. Mas nosso cântico merece cuidado semelhante, e está até mesmo (conforme veremos) atrelado ao florescimento destas outras coisas em nossa vida.

Como a congregação canta? Cada um de nós faz parte da resposta a esta pergunta em nossa própria igreja, quer estejamos no palco quer em pé, próximos aos bancos no local de culto. É uma pergunta difícil e um tanto desconfortável que as pessoas fazem sobre a música na igreja. Mas Paulo não manda que nos exibamos uns aos outros, e sim, que cantemos uns aos outros. Temos de avaliar: "Como a congregação cantou?"

LUTERO, O CANTOR

Há quinhentos anos, no outono de 1517, um monge alemão de nome Martinho Lutero deu início ao que seria conhecido como a "reforma" da igreja pela pregação e cântico da Palavra. É compreensível pensar em Lutero primariamente como um teólogo, ou pregador, mas ele era também um prolixo e bem focado escritor de hinos, que revigorou o cântico no que passou a ser conhecida como a Igreja Protestante. Como a congregação cantava era uma questão chave para Lutero; ele acreditava que uma igreja verdadeiramente bíblica seria uma igreja em que cada crente estivesse ativamente participando de toda parte do culto, incluindo os cânticos, celebrando juntos este incrível evangelho:

Prelúdio. Cante!

> Que Deus fale diretamente a seu povo pelas Escrituras, e que seu povo responda com gratos hinos de louvor.[1]

Muitos dos inimigos de Lutero temiam os seus hinos mais do que ao próprio homem, Lutero. Os cânticos estavam no coração da Reforma — na verdade, grande era a convicção de Lutero que, em algumas maneiras seguia seu precursor, o boêmio John Huss, o qual fora martirizado por (entre outras coisas) falar sobre a "heresia do canto congregacional".

Lutero era apaixonado e sério quanto à arte e prática da música e do canto congregacional — paixão essa que indiscutivelmente muitas igrejas perderam o foco. O teólogo Ligon Duncan disse: "Não existe qualquer parte na vida de adoração mais carente de reforma hoje do que o canto congregacional". Mas esta reforma não vai acontecer simplesmente por mandar as pessoas cantarem, do mesmo modo que mandar uma criança comer algo que ela não gosta não fará grande diferença por muito tempo. Precisamos não somente saber que devemos cantar como cristãos, mas aprender a amar cantar como cristãos.

OS CINCO OBJETIVOS DESTE LIVRO

Este livro foi feito durante muitos anos (em parte devido a uma promessa que fizemos a um bom amigo que não escreveríamos um livro até que Keith passasse seu aniversário de quarenta anos). Nascendo de nossa paixão pelo canto congregacional, ele foi formado em nossas viagens, tocando, escutando, discutindo, aprendendo e ensinando. Ao escrevê-lo, temos cinco principais objetivos:

---

1 Atribuído a Martinho Lutero em *Devotional Warm-Ups for the Church Choir: Preparing to Lead Others in Worship* por Kenneth W. Osbeck (Grand Rapids, MI: Kregel Publications, 2000).

CANTE!

1. Descobrir por que cantamos, e a grande alegria e o santo privilégio que vêm quando cantamos.
2. Considerar como cantar impacta nosso coração e mente, e toda a nossa vida.
3. Cultivar uma cultura de cantar em família, na vida de cada dia, no lar.
4. Equipar nossas igrejas para cantar de todo coração ao Senhor e uns para os outros como uma expressão de unidade.
5. Inspirar-nos a utilizar o canto congregacional como testemunho radical ao mundo.

Acrescentamos algumas "faixas bônus" no final, com mais sugestões práticas para diferentes grupos envolvidos com maior profundidade com a música na igreja.

Mas, antes de começar, uma advertência saudável.

Queremos ser práticos – não prescritivos. Reconhecemos (e vale a pena você reconhecer) que todos somos limitados por nossas próprias experiências. É fácil presumir que aquilo com que estamos acostumados ou que mais gostamos é o que mais agrada a Deus. Claro que existem princípios que transcendem os estilos, mas, naturalmente, trazemos nossa própria personalidade e nosso viés a um assunto emotivo como o cantar cristão. Contudo, no cântico congregacional, não existe um gabarito de estilo único que cabe para todo mundo.

Amamos cantar em nossa igreja, em nossa comunidade de Nashville. A Village Chapel (Capela da Vila ou do bairro) usa músicos acústicos quase escondidos, em um canto da sala, para acompanhar o cantar lindo de trezentas a quatrocentas pessoas aos domingos, e frequentemente isso passa a ser canto *a capella* com rica harmonia. Também amamos liderar o canto na igreja Times Square Church, na cidade de New York, que possui uma congregação diversa vinda de mais de cem países, um vibrante coral evangélico pentecostal, e música de alta energia. Temos cantado o louvor com milhares de pessoas e com apenas uns poucos; temos nos apresentado com orquestras completas, como também sem qualquer acompanhamento musical. Cada experiência tem sido empolgante, com louvor sincero e autêntico em cada comunidade e tradição específicas. Quanto mais interagimos com igrejas por todo o mundo, mais nos maravilhamos com a beleza, as cores e o esplendor da criatividade de Deus refletida nas pessoas que cantam louvores a Deus.

Deus intenta que dentre essas pessoas — um povo alegremente unido em cânticos com irmãos e irmãs por todo o mundo, e em volta de seu trono celeste — esteja você. Ele quer que você cante, ele quer que nós cantemos!

PERGUNTAS PARA DISCUTIR

1. Como o cantar tem tido um papel no seu desenvolvimento espiritual?
2. Você se recorda de alguma ocasião memorável quando teve prazer de cantar na igreja? O que foi naquele evento que o impactou?
3. Você é rápido em avaliar a música na sua igreja pelo estilo, apresentação e época, ou pela qualidade do canto da congregação?
4. Qual é o seu desejo para a música em sua igreja?

CAPÍTULO 1

CRIADOS PARA... CANTAR!

> Somos um povo que canta porque foi assim que Deus nos criou. É o que fazemos. E quando o fazemos, estamos simplesmente nos juntando ao que o restante da criação está fazendo.

PROJETADOS PARA CANTAR

Somos todos cantores. Pode ser que nem todos sejam bons cantores, mas somos todos criados para cantar.

O salmista canta: "Pois tu formaste o meu interior, tu me teceste no seio de minha mãe. Graças te dou, visto que por modo assombrosamente maravilhoso me formaste; as tuas obras são admiráveis, e a minha alma o sabe muito bem" (Sl 139.13-14).

Temos três filhas ainda meninas, e nos surpreendeu quando ainda eram pequenas como bem cedo cada uma delas conseguiu cantar. Melodias simples com palavras murmuradas se tornaram frases como "Ó cante *happyluia*", ou uma mistura bizarra de "Santo, Santo, Santo, Deus Onipotente" com "Brilha, brilha estrelinha". Cantar faz parte de nosso DNA humano; faz parte do *design* feito por Deus.

O nosso desejo de criar instrumentos musicais para acompanhar nosso cântico é tão antigo como o desejo de fabricar ferramentas para nos ajudar no trabalho diário (Gn 4.21-22). Por toda a Escritura e passando por toda a história humana, vemos o povo de Deus usando este presente do cântico para louvá-lo, o doador do dom de cantar.

A sua capacidade de cantar é criada de modo assombrosamente maravilhoso. Por volta da décima segunda semana de gestação, as cordas vocais de um bebê que cresce dentro do ventre materno já estão formadas e se revelam funcionais muito antes dessa criança nascer. Podemos soar diferentes, mas cada um de nós possui o mesmo aparelho vocal (você, nós, Bono, Pavarotti, Sinatra) — com a respiração fluindo de nossos pulmões, vibrando através de cordas vocais em nossa garganta, empurrando o som para fora pelos articuladores de nossa boca, língua, e nossos lábios. Cantar não é um mero feliz subproduto da intenção de Deus de nos fazer criaturas falantes. É algo que fomos projetados para sermos capazes de fazer.

Mas, não somente isto, Deus projetou nossa psique para cantar. Quando cantamos louvores a Deus, está engajado muito mais do que somente o nosso aparelho fonador. Deus criou nossa mente para julgar timbre e lírica, pensar nos conceitos que cantamos envolve o intelecto, a imaginação, a memória, e relembrar o que está em uma melodia (temos certeza que, neste exato momento, noventa e nove por cento dos leitores deste livro conseguem lembrar mais letras de músicas do que conseguem recitar Escrituras de memória). Deus formou nosso coração para se mover com profundeza de sentimento e com toda uma gama de emoções, enquanto uma melodia nos leva às verdades de quem Deus é e em quem nós estamos firmados.

Criados para... cantar!

E SE EU "NÃO CONSIGO CANTAR"?
Às vezes, encontramos pessoas que dizem: "Eu não consigo cantar"— como que dizendo que "o som que sai da minha boca quando tento cantar não é o que eu esperava".

Quem sabe esta pessoa seja você; e você consegue lembrar de uma conversa desajeitada, quando criança, em que pediram que só mexesse a boca com as palavras, sem cantar; ou quando foi sugerido que ser membro do coro de sua escola ou igreja talvez não se enquadrasse em seus dons. Mas, se você consegue falar, fisicamente você consegue cantar. A verdade é que Deus o projetou para cantar e lhe deu tudo o que é necessário para cantar, e ele quer que você cante. Ele está muito menos preocupado com sua afinação do que com sua integridade. O cantar cristão começa no coração, não nos lábios (Ef 5.19).

Porque ainda são muito pequenas e estão em diferentes estágios no aprendizado de cantar, quando nossas filhas cantam juntas, a mais velha é mais confiante do que a do meio, que, por sua vez, é mais fluente do que a mais nova. Pode ser que isso mude quando elas ficarem maiores, mas eu ressalto o ponto que — aos ouvidos de seus pais, cada voz não é somente tão importante quanto a outra, mas cada uma é considerada como tesouro tanto quanto as outras. O seu Pai celestial se importa se você canta e o que você canta, mas não está preocupado em quão bem você canta. Embora em nossas igrejas tenhamos muitos corais compostos de vozes com perícia e habilidade, a congregação de uma igreja é o coral máximo, e não dá audições — todo mundo pode e deve fazer parte dele. A verdadeira beleza deste coral congregacional é que as vozes e os corações são *juntamente* entretecidos em louvor. É extremamente empolgante fazer parte de um corpo de crentes que cantam *juntos* a verdade.

Recentemente, encontramos um missionário que serve na China e que estava em viagem na América. Depois de cantarmos, ele comentou como foi maravilhoso cantar livremente junto a outros crentes, pois na parte da China em que ele vive havia fortes restrições sobre tais coisas. "Como o meu coração sente falta de cantar", disse ele. A sua voz pode não ser de padrão profissional, mas é de padrão confessional.

Vale a pena acrescentar, porém, que quanto mais praticamos alguma coisa, melhor nos tornamos nela — e procuramos melhorar aquilo que realmente valorizamos. "Como em quase tudo que tem valor na vida, é raro ter somente um dia para fazer isso".[1]

Aprender a andar leva tempo, e primeiro precisamos firmar os pés. Aprender a falar leva tempo, e primeiro temos de abrir a boca e emitir sons. Louvar a Deus com canto melodioso leva tempo, e melhoramos o canto cantando. Uma vez que tenhamos atingido o ápice, se ainda estiver um pouco aquém das alturas melodiosas, é útil ter um senso de humor como aliado. Algumas pessoas possuem o dom especial de cantar cada nota ligeiramente fora do tom (que, ironicamente, é muito difícil de fazer). Como cantamos para encorajar e louvar, não para impressionar e ganhar louvores, podemos rir sobre isso e continuar cantando.

Um dos membros de nossa banda, Zach White, recentemente nos contou sobre a inspiração que seu pai tem sido para ele e seus irmãos em Cristo quando se trata de cantar

---

[1] Os Guinness, *Fool's Talk: Recovering the Art of Christian Persuasion* (Downers Grove, IL: InterVarsity Press, 2015), 32.

na igreja. O Sr. White é sempre o cantor mais apaixonado da congregação, a despeito de ter apenas três notas que realmente consegue cantar (todas mais baixas do que consegue cantar o seu homônimo, Barry White), e nenhuma dentro do tom. Mas isso não o impede de cantar. Ele entendeu o que é o canto congregacional, e o que não é.

A professora de canto de Kristyn nos últimos catorze anos, Kim Wood Sandusky, possui várias décadas de experiência em treinar cantores profissionais em muitos estilos. Ela ressalta que "somos todos cantores. Alguns de nós temos talentos que nos permitem cantar com belíssimo tom e bom timbre, enquanto outros possuem o talento de cantar com a alma. Que lindo som todos fazemos como cantores aos ouvidos de nosso Pai celestial".

Há entre nós quem tenha constrições vocais advindas de problemas de saúde ou que estão ali desde o nascimento. Se você não pode falar, mas canta através da linguagem de sinais com suas mãos ou qualquer meio que Deus lhe deu, você abençoa a comunidade de crentes e, desta forma, junta-se a eles com um só coração e uma só voz até o dia em que toda língua cantará para ele. Somos tão gratos pelo trabalho dos cantores que tornam possível a toda a congregação o estar envolvida de maneira significativa nas letras dos hinos que cantamos.

CANTANDO À SUA IMAGEM

Visto que Deus é o criador que ama a beleza, assim, como criaturas feitas singularmente à sua imagem (Gn 1.26-28), nós também a amaremos. O que Deus fez tem tanto beleza quanto funcionalidade: "Do solo fez o Senhor Deus brotar toda sorte de árvores *agradáveis* à vista e *boas* para alimento"

CANTE!

(Gn 2.9, grifo nosso). Fomos criados para *ter prazer* na beleza e *deleite* na criatividade. Não precisamos estar em um museu de arte para entendermos isso — você pode estar simplesmente num encontro com seu cônjuge para um jantar em ocasião especial, onde a comida não é apenas passável, mas sim irresistível aos olhos e ao paladar; não queremos apenas um teto sobre a cabeça para proteger-nos da chuva, mas um lugar belo e significativo que nos proporcione muitas boas memórias. Somos capazes de notar a diferença entre uma orquestra que está afinando os instrumentos e, depois, tocando uma coerente peça musical — de repente, existe um "acerto" em como as notas se ajustam. Conhecemos o sentido de levantar a cabeça ou erguer as mãos para cantar um grande hino com todo o ser, como também o sentimento de perder interesse em uma canção medíocre. Por esta razão, para um compositor vale a pena lutar, dia após dia, durante meses (ou anos) para compor aquela ideia melódica que é nova, impressionante, e que possa tocar a alma de outra pessoa.

Fomos projetados para nos beneficiar da beleza na criatividade. Você já se perguntou por que cantamos nossos hinos nacionais, e não apenas recitamos as suas letras, ou por que as crianças aprendem o alfabeto com cantigas de rimas em vez de simplesmente como uma série de sons audíveis, falados de maneira monótona? É porque Deus nos fez poderosamente envolvidos em nossos sentidos e nossas lembranças por meio da música. As canções têm poder de provocar uma lembrança ou nos transportar de volta a outro tempo e lugar. Nosso senso de imaginação é outro aspecto da dignidade que nós, como seres humanos, recebemos de Deus. Isto não deve ser menosprezado, mas abraçado e nutrido, especialmente pelos esforços artísticos de toda igreja local. Os cânticos alcançam os corredores internos de nossa alma de um modo que outras coisas não conseguem alcançar. Isso é parte da razão pela qual temos discussões tão calorosas sobre o que gostamos na música da igreja — porque ela nos move muito profundamente. Somos projetados como apreciadores de beleza. Isto é importante para nós.

Também fomos criados para gostar de fazer, nós mesmos, as coisas. J. R. R. Tolkien escreveu que "não fomos apenas criados, mas criados à imagem e semelhança do Criador".[2] Mostramos nosso espírito criativo inspirado por Deus quando criamos música — não somente os cânticos em si, mas os diversos modos criativos em que arranjamos e expressamos juntos essas canções. Quer seja na vibração rítmica da adoração cantada pelo Coral Infantil Africano, quer na beleza intocável de um coral ecoando nas antigas paredes de uma catedral europeia, ou nos sotaques misturados no número cada vez maior de igrejas internacionais, em cidades por todo o mundo, procuramos criar beleza, porque é assim que fomos projetados.

Ao criarmos, comunicamos — assim como Deus faz por meio da sua criação:

> Os céus proclamam a glória de Deus,
> e o firmamento anuncia as obras das suas mãos.
> Um dia discursa a outro dia,
> e uma noite revela conhecimento a outra noite.
> Salmos 19.1-2

---

2 J. R. R. Tolkien, *Monsters and the Critics: And Other Essays* (UK: HarperCollins, 1997).

CANTE!

Ecoando por nosso cântico congregacional está a comunicação que o Autor divino escreveu neste mundo. As melodias são importantes. As palavras têm importância. Nossas canções sempre dizem alguma coisa. Fomos criados para usar a linguagem, refletir e meditar em suas palavras, relembrar, repetidamente, a sua voz. Cantar juntos organiza as notas e palavras de formas belas para brilhar as impressionantes verdades de Deus sobre os cinzas relativistas de nossa cultura.

De modo igualmente maravilhoso, fomos projetados para não somente criar canções sobre Deus como também dirigidas a Deus. É algo surpreendente que nós, os que fomos criados, recebemos um modo de nos comunicar com aquele que nos criou. Cantamos sabendo que os ouvidos do nosso Senhor estão abertos, e escutam quando erguemos a ele as vozes com palavras e notas inteligentes, sinceras, repletas de alegria. Nosso cantar não é parecido com a oração — é oração. Ao grande pai da igreja do século VI, Santo Agostinho, é atribuído ter dito que oramos duas vezes quando cantamos.

Ao cantarmos a Deus e sobre Deus, com o povo de Deus, refletimos a verdade que fomos feitos para comunidade — comunhão com Deus e uns com os outros. Nunca foi bom o homem estar só; cantar juntos gera e expressa que somos família. Quando cantamos, mostramos a comunhão que reflete o nosso Criador, o nosso Deus trino. Quando a sua igreja canta, voz sobre voz como braços unidos em uma mesma sala, e, na verdade, uma igreja espalhada por todos os lugares onde os seguidores do Senhor se reúnem, por todo o globo, através da história, estamos fazendo aquilo que fomos projetados a desfrutar — usando nossa voz, dada por Deus, para entoar louvores ao Deus que nos deu essa voz. Isso expressa o que nos une, e nos lembra da interdependência que temos.

CANTANDO COM A CRIAÇÃO

A criação canta a música do Pai. Quando cantamos como povo de Deus, ficamos alinhados com todo o restante da criação:

> Celebrai com júbilo ao SENHOR,
> todos os confins da terra;
> aclamai, regozijai-vos e cantai louvores.
> Cantai com harpa louvores ao SENHOR,
> com harpa e voz de canto;
> com trombetas e ao som de buzinas,
> exultai perante o SENHOR, que é rei.
> Ruja o mar e a sua plenitude,
> o mundo e os que nele habitam.
> Os rios batam palmas,
> e juntos cantem de júbilo os montes,
> na presença do SENHOR,
> porque ele vem julgar a terra;
> julgará o mundo com justiça
> e os povos, com equidade.
> Salmos 98.4-9

"Qual é o fim principal do homem?", pergunta o Catecismo Menor de Westminster. A resposta: "Glorificar a Deus e gozá-lo para sempre". Louvá-lo é o desejo original costurado a cada fibra de nossa humanidade projetada por Deus, e em todo aspecto de nosso mundo desenhado por Deus. Quando

CANTE!

cantamos louvores a Deus, nos unimos à melodia do cosmos. Faça aqui uma pausa. Isso não é surpreendentemente incrível?

No livro *O Sobrinho do Mago*, de C. S. Lewis, o grande leão Aslan cria Narnia cantando-a para a existência. O caráter e timbre da canção são vistos nas formas e cores de tudo que surge do nada. Lewis se deleita em ressaltar que o cântico não podia ser separado do Cantor, e quando se colocava os olhos sobre o Cantor, ele eclipsava tudo mais. Fomos criados para cantar porque isso nos conduz alegremente ao grande Cantor, o Criador dos céus e da terra.

Paul Tripp escreve: "Deus é o músico por excelência. A sua música transforma nossa vida. As notas da redenção reorganizam o coração e restauram a vida. Os seus cânticos de perdão, graça, reconciliação, verdade, esperança, soberania e amor devolvem a nossa humanidade e restauram nossa identidade".[3]

Nosso cantar deve soar como Deus, parecer com ele, e conduzir nosso coração a ele. Quando o salmista canta: "Elevo os olhos para os montes: de onde me virá o socorro?" (Sl 121.1), o seu socorro não vem daquelas montanhas, mas daquele que fez os montes. Não adoramos a arte criada do canto; adoramos o Senhor. Não cante principalmente porque gosta muito de cantar, nem fique calado porque não gosta de cantar. Cante porque você ama aquele que o criou, o formou, e o capacita a cantar:

> Cantamos a ele, cuja sabedoria formou o ouvido,
> Nossos cânticos, que ouça aquele que nos deu a voz;
> Temos em Deus o prazer, pois ele é fonte de deleite

---

3 Paul Tripp, *A Quest for More: Living for Something Bigger* (Greensboro, NC: New Growth Press, 2007), 145.

Criados para... cantar!

Que ama a harmonia do céu e Terra;
Humildes sonetos ensaiam os louvores
Daquele que é a música do Universo.
Enquanto cantamos, consagramos nossa arte,
E ofertamos em toda língua o nosso coração.
Nathaniel Ingelo, 1688

PERGUNTAS PARA DISCUTIR

1. Você consegue recordar as suas canções mais antigas? Como você se sentia ao cantar?

2. Qual é a sua experiência durante o canto congregacional — sentimentos de alegria, temor, autoconsciência, liberdade, etc?

3. Que tipo de "ensaio" a sua igreja poderia fazer para ajudar os membros a se sentirem mais confiantes, menos preocupados consigo mesmos, mais engajados no cantar dos hinos?

CAPÍTULO 2

ORDENADOS A... CANTAR!

> Somos um povo que canta porque
> Deus nos deu a ordem para cantar.
> É o que fazemos.

Kristyn lembra quando, adolescente, estava na cozinha com sua mãe, conversando com ela sobre oração. Crescendo em um lar cristão, ela havia sido ensinada o orar, exposta à oração, e ajudada pela oração. Mas nesse dia, ela estava vacilando quanto à ideia de orar e complicando demais o processo (algo que, em anos futuros, seu marido não acharia difícil de acreditar!). Depois de um tempinho, sua mãe, com olhos bondosos e fortes, disse simplesmente: "No fim do dia, somos ordenados por Deus a orar — assim, temos de fazê-lo!"

O mesmo é igualmente verdadeiro quanto a cantar. Deus nos manda cantar — portanto, devemos fazê-lo. Não cantar é desobedecer a ordem *de Deus*.

Os seus mandamentos não são arbitrários — sempre são para o bem de seu povo. Parte da glória dos mandamentos de Deus é que sua lei é "lei perfeita, lei da liberdade" (Tg 1.25). Assim como somos ordenados a estudar as Escrituras, orar, dar, participar da ceia do Senhor, assim também somos ordenados a cantar com os santos, porque precisamos cantar. Nossa saúde espiritual depende disso.

É claro que essa não é uma obediência automática, sem o calor da convicção ou a alegria do relacionamento (falaremos sobre isso no próximo capítulo). Mas é sim, questão de obediência. Como o grande compositor de hinos John Newton escreveu certa vez:

> Nosso prazer e nosso dever,
> Embora antes em oposição;
> Desde que contemplamos a sua beleza,
> Estão unidos e jamais se partem.[1]

O cântico cristão vai muito além do que cumprir nosso dever, mas também nunca é menos que isso. Somos *ordenados* a cantar a Deus: "Cantai ao SENHOR um novo cântico e o seu louvor, na assembleia dos santos" (Sl 149.1).

Repetidamente e por toda a Escritura, somos ordenados a ser um povo que canta. Há mais de quatrocentas referências sobre cantar na Bíblia e, pelo menos, cinquenta ordens diretas. Não devemos ignorar a ordem por não gostarmos da música ou das pessoas que estão cantando, ou não estarmos *a fim*. A ordem no Salmo 149.1 não contém senões ou condições. Não é necessário dizer que a liderança de uma igreja deve facilitar o canto congregacional para que todos nós possamos honrar o Senhor juntos. Somos mandados a cantar — e a Escritura não diz apenas *que* cantemos como também trata de onde, o que, e como nós cantamos.

---

[1] John Newton e William Cowper, *Olney Hymns in Three Books* (Glasgow: William Collins, 1829), 293.

Ordenados a... cantar!

ONDE CANTAMOS
A ordem não é cantar só para nós mesmos (como no chuveiro ou no carro), mas em voz audível como parte da "assembleia dos santos" — ou seja, na companhia de outros crentes, junto com a sua igreja. Não é uma sugestão apenas metafórica ou opcional ou sazonal de cantar, mas uma diretiva clara do nosso Senhor e Salvador, como parte regular de nossa vida de adoração, principal e especialmente junto a outros crentes. Não devemos pensar nisso como "só os cânticos" — algo que possamos pular ou chegar atrasados para o culto — mas algo que devemos levar a sério, valorizar, separar tempo para isso.

Pode parecer uma afirmação óbvia, mas na assembleia, cada um de nós não será a maioria. Isso quer dizer que você estará cantando algumas músicas que talvez você não escolheria, com arranjos e acompanhamentos que talvez você não teria escolhido, porque não são os seus favoritos. Você tem de se dispor a abrir mão dos próprios gostos pelo bem da assembleia maior. Enquanto tivermos a saúde e capacidade para tanto, somos chamados, cada um, a cantar com o povo de Deus, e amar bastante nosso povo a ponto de servir uns aos outros no modo como cantamos.

O QUE CANTAMOS
Possuímos tanta liberdade criativa em nossa música e em nossos cânticos, o que, é claro, se vê de forma magnífica na diversidade de sons e estilos expressos nas igrejas por todo o mundo. Mas a Bíblia é mais específica quanto ao *que* devemos cantar. Na sua carta à igreja de Colossos, Paulo escreve:

CANTE!

> Habite, ricamente, em vós a palavra de Cristo; instruí-vos e aconselhai-vos mutuamente em toda a sabedoria, louvando a Deus, com salmos, e hinos, e cânticos espirituais, com gratidão, em vosso coração.
> Colossenses 3.16

Uma das formas da palavra de Jesus habitar ricamente em nós é cantando-a uns aos outros. Somos ordenados a cantar a palavra de Deus — a verdade revelada nas Escrituras, a história da redenção. Fundamentalmente, devemos cantar sobre Deus, revelado em Cristo e supremamente no seu sofrimento e sua glória, pois é disso que a palavra de Deus trata (Lc 24.26-27). "Ricamente" lembra palavras como *generosamente, magnificente, plenamente, completamente*. O conteúdo é importante.

Tragicamente, muitas das canções escritas para as igrejas e nelas cantadas não preenchem esta descrição. Se tivermos espaço para cantar apenas alguns cânticos em determinado domingo, temos de tornar o tempo realmente produtivo — cantando as melhores canções que se possa encontrar. Por que iríamos querer fazer menos que isso? Devemos ser exigentes. Os hinos que cantamos não podem apenas passar de leve sobre a superfície, ou extrair as frases fora do contexto, ou focar exclusivamente em nós mesmos, ou descrever a Jesus de uma maneira que sua palavra não o faz (ou pior ainda, contradizendo o que sua palavra diz).

Toda a letra deve estar ligada para traduzir, para cada pessoa que canta, uma expressão maravilhosa, bem pensada e profunda da Escritura. Se você, como líder do louvor, estiver escolhendo as músicas, esta é a sua responsabilidade (consideraremos mais a este respeito mais adiante).

Se você estiver cantando como membro da assembleia dos santos, então não cante apenas, mas pense. O que vocês estão cantando? Como isso aponta para Jesus conforme ele se revela em sua Palavra? Que verdades estão sendo colocadas em seu coração, e como o seu cantar está sendo usado para colocar essas verdades no coração daqueles que o cercam? Que partes da letra o enchem de alegria, levando-o a considerar Cristo de maneira nova, e como você vai cantá-las aos outros e a si mesmo durante esta semana? (Mais sobre isso no capítulo 5.)

Com frequência, perguntamos às pessoas: "Sobre o que você pensa que eu devo escrever uma canção?" Anos atrás, eu dirigia a música em um retiro para a organização cristã de assistência "Medair" na Suíça. Quando fizemos esta pergunta às famílias que ali haviam se reunido, vindas de todo o mundo, saímos de lá com muitas páginas de assuntos e versículos bíblicos que ainda não havíamos considerado, que falavam à interseção da fé cristã e as necessidades físicas e espirituais do mundo. Existe na palavra de Cristo tanto para cantar! Eles queriam, e nós deveríamos querer cantar coisas profundas que afetam toda a vida.

COMO CANTAMOS

Colossenses 3.16 também fala sobre *como* cantamos. A disposição do nosso coração não é forçada — "canto porque sou obrigado" — mas sim "com gratidão a Deus em nosso coração" — "Canto porque Deus é maravilhoso". Gratidão é bem mais que dizer as palavras somente com os lábios. De fato, você não estará cantando de modo cristão se apenas estiver cantando com a boca. A raiz da verdadeira gratidão vem do nosso coração pelos imerecidos benefícios da bondade de Deus em nossa vida. Esta raiz floresce em uma atitude boa, positiva, cheia de amor para o chamado de cantar, da parte de Deus e dos líderes que ele nos deu em nossas igrejas.

É difícil — de fato, impossível — cantar de maneira tépida, temerosa e retraída aquilo que nos empolga no espírito e age no coração. A gratidão profundamente sentida produz um som forte e entusiasmado em nossa voz. O que acontece quando cantamos trata muito mais do que o som audível que criamos, mas não menos que isso. Como cantamos revela como pensamos e sentimos a respeito de alguma coisa. A maioria de nós canta com alguma garra no estádio esportivo ou quando canta o "parabéns pra você" na festa de uma pessoa amada. Nossa personalidade individual se une para fazer uma personalidade coletiva, e nosso coração individualmente grato se unifica como igreja. Assim sendo, ao obedecer a ordem de cantar, estamos (ou deveríamos estar) liberando um som congregacional de convicção — quer sejamos uma dúzia ou alguns milhares de nós. Se não for assim, nossos filhos ou visitantes que nos observam têm todo o direito de questionar se o que cantamos é realmente importante para nós. Neste sentido, o nosso cantar revela a verdade a nosso respeito, no que é melhor e naquilo que é pior.

NOSSO SALVADOR CANTADOR

Jesus é, com certeza, supremamente a nossa salvação — mas é também nosso exemplo. O próprio Senhor Jesus obedeceu a ordem de cantar. Um de nossos versículos favoritos vem logo após o relato da última ceia do Senhor, na noite antes de Jesus morrer por nós, em Mateus 26. Depois de Jesus dizer aos discípulos

Ordenados a... cantar!

para tomarem do cálice como sinal de seu sangue derramado pelo perdão dos pecados, Mateus acrescenta: "E, tendo cantado um hino, saíram para o monte das Oliveiras" (v. 30).

Andando rumo ao seu aprisionamento, Jesus *cantou*. Nas profundezas e alturas da sua paixão, Jesus *cantou*. Imaginar o Senhor Jesus cantando com os seus seguidores poucas horas antes da agonia da cruz é um pensamento incrível e humilhante. Mesmo aproximando-se da mais tenebrosa hora, nosso Salvador cantava e dirigia aqueles homens no cântico.

Mesmo na cruz, ele citou um cântico, um salmo que certamente conhecia desde menino. As canções em que foi treinado desde criança o sustentaram e, por assim dizer, o formaram através do seu momento de maior angústia e sofrimento:

> Deus meu, Deus meu, por que me desamparaste?
> Por que se acham longe de minha salvação
> as palavras de meu bramido. Deus meu, clamo de dia,
> e não me respondes; também de noite,
> porém não tenho sossego. Contudo, tu és santo,
> entronizado entre os louvores de Israel.
> Salmos 22.1-3

Como é possível ser passivo quanto ao cantar? Ao digerirmos a Palavra colocada em hinos e respondermos com gratidão a Deus em nosso coração, somos guiados em seu caminho de paz. Ele mesmo é nossa paz. Cantar, como também todas as outras expressões de nossa adoração, jamais nos salvará. Mas cantar nos ajuda a sermos conduzidos àquele que nos salva. A ordem de cantar leva-nos a Cristo com a alegria de louvá-lo e segui-lo. Como Deus é bondoso em nos mandar fazer algo tão maravilhoso!

CANTE!

PERGUNTAS PARA DISCUTIR

1. Que resposta você tem pessoalmente à "ordem de cantar" louvores a Deus?
2. Como se sente quanto a cantar não apenas aquilo que você *gosta*, mas cânticos que você *precisa* cantar?
3. Qual a ligação entre gratidão e cantar?
4. Quais algumas coisas que podem ajudá-lo a cultivar o canto com gratidão intencional?

CAPÍTULO 3

COMPELIDOS A... CANTAR!

> Somos pessoas que cantam porque o evangelho do Senhor Jesus nos *compele* a cantar. É o que fazemos.

Nosso bom amigo, pastor Alistair Begg, tem falado sobre como ele consegue ver quando alguém que ao ouvir o evangelho é abraçado pela fé, e isto é demonstrado pelos olhos em lágrimas e essas pessoas ficam plenamente envolvidas em cantar. As pessoas salvas são um povo que canta.

Bob Kauflin escreve em seu livro *Worship Matters* que

> o culto não é primariamente sobre música, técnicas, cânticos ou metodologias. O culto trata sobre o nosso coração. É a respeito de o quê e a quem nós amamos acima de tudo.[1]

O amor de Deus por nós inspira nossa resposta de amor por ele e nos conclama a entoar canções de alegria com nossos lábios.

---

1 Bob Kauflin, *Worship Matters: Leading Others to Encounter the Greatness of God* (Wheaton, IL: Crossway Books, 2008), 25.

Somos compelidos a cantar. *Compelidos*. Que palavra forte e convincente! Paulo a usou na defesa de suas razões por estar tão apaixonado em apresentar o evangelho, sem mácula, à igreja de Corinto: "Pois o amor de Cristo nos constrange", ele escreveu, "julgando nós isto: um morreu por todos; logo, todos morreram. E ele morreu por todos, para que os que vivem não vivam mais para si mesmos, mas para aquele que por eles morreu e ressuscitou" (2 Co 5.14-15).

Nossa motivação de cantar vem de muito mais do que nós mesmos — nossos gostos, nosso nível de conforto e nossas preferências musicais. Intrinsecamente, nossa razão para cantar é impulsionada por aquele que morreu e ressurgiu. É impelida por um desejo do fundo do coração de transmitir a verdade do evangelho aos que já a conhecem e precisam ser renovados por ela — e comunicar esta verdade aos que ainda não a conhecem, mas que podem ser atraídos a Cristo ao ver e ouvir pessoas que creem claramente nisto por causa do jeito que elas cantam a este respeito.

GRITOS DE LIBERDADE

Não somos constrangidos a cantar por alguma razão vazia. Algo, ou melhor, alguém – nos impele a isto. Aos vinte anos de idade ou um pouco mais, estávamos aprendendo a liderar as pessoas a cantar, quando ouvimos algo que nos ajudou bastante: Adoração vem como resposta à revelação.

Não precisamos estar dentro do prédio de uma igreja para entender que fomos criados deste modo. Quando a Irlanda vence a Inglaterra no jogo de *rugby* (sempre uma bela ocasião), Keith e seu pai gritam até ficar roucos. Quando estamos à beira do precipício do Grand Canyon, no Colorado, ou no festival de jazz de Montreux aos pés dos Alpes Franceses, nossos olhos e coração se banqueteiam nisso. Quando ouvimos dizer que um casal a quem amamos ficou noivo, exclamamos a viva voz nossa alegria. O louvor é provocado por — compungido pela — revelação de algo glorioso.

O evangelho é a revelação da verdade mais gloriosa da história. Uma das músicas que Kristyn e eu costumávamos cantar e tocar quando nos conhecemos era uma que dizia: "*His Eye Is on the Sparrow*", significando que "o Deus que fez as aves, cuidará também de nós", e há uma linha em especial que amamos: "Exulto porque sou feliz, canto porque eu sou livre". Que pensamento simples, e tão profundo! Cantamos porque fomos *libertos*.

Jesus veio para que pudéssemos conhecê-lo, a verdade, porque "a verdade vos libertará" (Jo 8.32). Éramos escravos do pecado – enquanto escolhíamos pecar, o pecado era também o nosso mestre. Mas, o Filho de Deus morreu por causa dos nossos pecados e ressuscitou para nos dar nova vida — "se, pois, o Filho vos libertar, sereis verdadeiramente livres" (Jo 8.36). O evangelho declara o "fato de ter Cristo morrido por nós, sendo nós ainda pecadores" (Rm 5.8), de forma que agora "sendo justificados pelo seu sangue, seremos por ele salvos da ira" de Deus (v. 9). O evangelho é uma declaração de libertação eterna. É uma revelação que nos compele a responder, e parte de nossa resposta será cantar.

Kristyn e eu nos tornamos cristãos quando crianças pequenas, e não nos lembramos daquela onda inicial de libertação que ocorre quando alguém se torna crente mais tarde na vida. Mas não demora muito no viver como cristão para conhecer o senso de vergonha e frustração pelo pecado — para então lembrar:

CANTE!

> Quando Satã vem me tentar
> Do meu pecado, me lembrar
> Eu olho ao alto e lá está,
> Quem pôs um fim em meu pecar
> Meu puro salvador morreu,
> Minha alma impura, libertou,
> O Justo Deus se satisfez,
> Ao ver Jesus me perdoou,
> Ao ver Jesus me perdoou.
> Charitie L. Bancroft, "Before the Throne of God Above"
> (Diante do trono do alto Deus)[2], 1863

Cristo quebrou todas as cadeias do pecado que estavam nos amarrando, as que nem conseguíamos ver até que ele nos abrisse os olhos para vê-las. As cadeias de orgulho e egoísmo, de desejos e relacionamentos quebrados — todas foram despedaçadas por sua morte. Não fomos libertos apenas *de* algo, mas libertos *para* algo — glorificar a Deus, viver a vida que ele planejou para você, conhecer a vida em toda a sua plenitude.

Eu canto porque estou livre para fugir de tudo que me dilacerava, e correr para tudo que me torna inteiro. "Porque não recebestes o espírito de escravidão, para viverdes, outra vez, atemorizados, mas recebestes o espírito de adoção, baseados no qual clamamos: Aba, Pai" (Rm 8.15). Se eu sei que isto é verdade quanto a mim, em meu coração como também na minha cabeça... bem, isso abre a minha boca.

A verdade é que louvamos aquilo que amamos. C. S. Lewis escreveu: "Penso que nos deleitamos em louvar aquilo em

---

[2] N do E: Trecho de tradução feita por Pr. Mauricio Andrade, da Primeira Igreja Batista Bíblica do Rio de Janeiro.

que temos prazer, porque o louvor não expressa meramente, mas também completa o prazer; e isto é sua consumação designada".[3]

No casamento, na família e nas amizades, descobrimos rapidamente que a alegria de algo está apenas pela metade até que possamos contar a outra pessoa algo bom sobre ela. A mídia social está cheia de produtos, receitas, experiências e ideias sobre o que nos sentimos compelidos a compartilhar com outros. Quando as nossas filhas pintam quadros que gostam, elas não os escondem numa gaveta; a pintura é colocada na porta da geladeira para todos verem e admirarem. Deixar de louvar aquilo que é digno de louvor, ficar calados quanto ao que nos agrada, vai contra a maneira que fomos criados como seres humanos. Sendo Deus o mais digno de nosso louvor, acima de todas as outras coisas — sendo ele merecedor de todo o nosso amor, acima de todas as outras pessoas — respondemos, sabendo que não somente devemos louvá-lo, mas que também não podemos deixar de louvá-lo, pois o nosso louvor a ele é tanto a nossa alegria como o nosso dever. Cantar é um dos melhores meios que temos de "completar a alegria" por tudo o que o Senhor fez por nós e mais ainda por quem ele é. Como a amada missionária irlandesa Amy Carmichael (1867-1951) escreveu em seu poema *A Song of Lovely Things* (Uma canção de coisas belas):

> Ele colocou em minha boca um novo cântico;
> Seu amor sempre está trazendo
> Refrescantes folhas de cura de sua árvore;

---

[3] C. S. Lewis, *Reflections on the Psalms* (London: Harvest/ Harcourt, 1958), 95.

CANTE!

> *Embora esteja eu na seca*
> *Como posso deixar de cantar?*[4]

OS CÂNTICOS DE SALVAÇÃO DA ESCRITURA

No decorrer da história da Escritura, vemos este estímulo de resposta à revelação de cantar louvores. Vamos considerar cinco desses exemplos inspiradores que ajudam a impulsionar o nosso coração quanto à importância e pura alegria de cantar juntos.

1. O primeiro cântico

O primeiro cântico declarado e documentado na Escritura se encontra em Êxodo 15. É um cântico de louvor e gratidão cantado por Moisés e os israelitas na margem oriental do Mar Vermelho, depois que o Senhor os tirou do Egito com segurança. Eles celebravam o resgate e a vitória:

> O Senhor é a minha força e o meu cântico;
> ele me foi por salvação; este é o meu Deus;
> portanto, eu o louvarei;
> ele é o Deus de meu pai; por isso, o exaltarei.
> Êxodo 15.2

Moisés e Miriam os ajudaram, ensinando e liderando os israelitas, chamando-os a cantar. Nesta história vemos espelhada a história do evangelho de nosso resgate por Cristo — assim, seguimos a liderança de Moisés e Miriam ao fazer de Cristo, em sua morte e ressurreição, o tema central

---

4 Amy Carmichael, "A Song of Lovely Things" in *Mountain Breezes: The Collected Poems of Amy Carmichael* (Fort Washington, PA: CLC Publications, 2013).

de nosso cântico. Estamos em nossa própria vitória, diante do inimigo vencido e da morte destruída. Fomos salvos. Então, cantamos.

2. Os cânticos de batalha

Gerações mais tarde, Débora e Baraque, o comandante dos homens lutadores de Israel, fizeram um cântico para comemorar uma impressionante vitória militar, que libertou o povo de Deus de vinte anos de opressão, promovida por um guerreiro cananeu (o acontecimento é relatado em Juízes 4 — e, o cântico de celebração em Juízes 5). Cantar tornou-se um evento da comunidade. Cantar completou a alegria da vitória.

O povo cantou quando a arca da aliança, tendo sido recuperada da mão dos filisteus, foi finalmente trazida de volta a Jerusalém, onde Davi preparara um lugar especial para ela. Cantaram à frente dos exércitos:

> Rendei graças ao Senhor,
> porque a sua misericórdia dura para sempre
> 2 Crônicas 20.21

Ainda mais, Josafá os liderava numa batalha contra uma coalizão de nações hostis (2 Cr 20.21-22). Cantamos porque isso faz parte de nossa armadura para as batalhas desta vida e é um meio de celebrar as nossas vitórias — e, em Cristo sempre temos a vitória.

3. Os cânticos de Davi

Os Salmos são cânticos que nos conclamam a cantar. Honestos, de coração, desesperados, cheios de felicidade..., eles

CANTE!

nos ensinam que como somos salvos para sempre, sempre somos capazes de cantar:

> Louvai ao Senhor, vós todos os gentios,
> louvai-o, todos os povos.
> Salmos 117.1

> Cantai ao Senhor, bendizei o seu nome;
> proclamai a sua salvação, dia após dia.
> Salmos 96.2

> Cantai-lhe, cantai-lhe salmos;
> narrai todas as suas maravilhas.
> Salmos 105.2

Por todo o principal livro de cânticos da Bíblia, os Salmos, há um padrão regular de revelação e resposta. Escute dois deles:

1. Salmo 40 — O salmista olha para Deus para que ele se revele; Deus o ouve, Deus o levanta, e dá a ele um lugar firme em que pisar... e coloca um hino de louvor em seus lábios.

> Tirou-me de um poço de perdição,
> de um tremedal de lama;
> colocou-me os pés sobre uma rocha
> e me firmou os passos.
> E me pôs nos lábios um novo cântico,
> um hino de louvor ao nosso Deus;
> muitos verão essas coisas,
> temerão e confiarão no Senhor.
> Salmos 40.2-3

2. Salmo 31 — O rei Davi, o salmista, canta sobre o ter visto a bondade do Senhor em tempos perturbados e, então, responde com louvor.

> Como é grande a tua bondade,
> que reservaste aos que te temem,
> da qual usas, perante os filhos dos homens,
> para com os que em ti se refugiam!
> No recôndito da tua presença,
> tu os esconderás das tramas dos homens,
> num esconderijo os ocultarás da contenda de línguas.
> Bendito seja o Senhor, que engrandeceu
> a sua misericórdia para comigo, numa cidade sitiada!
> Salmos 31.19-21

Meditar em quem Deus é e em tudo o que ele faz, provoca uma resposta autêntica de louvor a Deus que vem do nosso coração e do nosso cantar.

4. Os cânticos dos profetas

Os israelitas cantaram nos dias de Esdras, quando os fundamentos do novo templo foram completados pelos exilados, após seu retorno para a terra (Ed 3.10-13) — assim como cantaram quando os muros foram completamente reconstruídos em volta de Jerusalém, sob a liderança de Neemias (Ne 12.27-29). Eles sabiam que fora Deus que os fizera voltar do exílio, que os havia restaurado à esperança e lhes prometera bênçãos futuras. Então, cantaram. Cantar juntos marcava os ritmos de sua vida diária, bem como as ocasiões especiais.

CANTE!

Os profetas cantavam por causa da salvação que tinham visto; e, mais do que isso, cantavam devido à salvação que haviam previsto. Falaram ao povo que cantasse sobre o que sabiam que viria — o Messias, que restauraria o reino de Deus e o seu povo:

> Rompei em júbilo, exultai à uma, ó ruínas de Jerusalém;
> porque o SENHOR consolou o seu povo, remiu a Jerusalém.
> Isaías 52.9
> Cantai ao SENHOR, louvai ao SENHOR;
> pois livrou a alma do necessitado das mãos dos malfeitores.
> Jeremias 20.13
>
> Canta, ó filha de Sião; rejubila, ó Israel;
> regozija-te e, de todo o coração, exulta, ó filha de Jerusalém.
> Sofonias 3.14

Unimo-nos a eles cantando sobre aquilo que eles aguardavam, e o que nós olhamos em retrospectiva: a vinda do Senhor Jesus Cristo:

> Porque quantas são as promessas de Deus, tantas têm nele o sim;
> porquanto também por ele é o amém para glória de Deus,
> por nosso intermédio
> 2 Coríntios 1.20

5. Um cântico que sustenta os prisioneiros

A salvação capacita para a alegria e compele à canção, mesmo quando as circunstâncias estão totalmente contra nós. Esta é a maravilha de cantar o evangelho — como nada

Compelidos a... cantar!

pode nos separar do amor de Deus em Jesus Cristo (Rm 8.38-39), nada precisa ou pode ou deve nos impedir de cantar. A igreja primitiva era uma igreja que cantava, mesmo sob as circunstâncias mais difíceis. Assim, encontramos Paulo e Silas, detidos em um cárcere, em Filipos, enfrentando um amanhã bastante incerto, mas que, à meia-noite, "oravam e cantavam louvores a Deus, e os demais companheiros de prisão escutavam" (At 16.25). Isso os fortalecia; deram testemunho ao carcereiro, que tendo ouvido os cânticos e constatado o terremoto enviado por Deus, perguntou aos apóstolos: "Senhores, que devo fazer para que seja salvo?" (v. 30). Ficou bem claro que eles não estavam murmurando, ou cantando baixinho ao volume da respiração! Os cânticos de salvação são cantados em qualquer e em todas as fases da vida.

ESTOU LIMPO, ESTOU LIMPO!

Kristyn e eu crescemos escutando o som do Brooklyn Tabernacle Choir (coral do Tabernáculo de Brooklyn). Houve um período na vida de Kristyn em que o seu pai passava um curto filme do testemunho de um dos membros do coro, Calvin Hunt, toda manhã, antes de eles saírem para as atividades do dia. A vida de Calvin havia sido destruída pelo *crack* e ele morava na rua, separado de sua família, quando um dia ele entrou na igreja do Tabernáculo de Brooklyn, ouviu o evangelho, e entregou sua vida a Cristo. O momento chave da entrevista foi quando ele estava cantando com o coral, rosto brilhando e voz estourando com a letra:

> Há um sangue, sangue purificador, que jorra do Calvário,
> E neste sangue há um poder salvador.

CANTE!

> Pois, lava bem branco e me deixa limpo.
> Estou limpo, estou limpo, fui lavado no seu sangue purificador.[5]

Calvin não precisava que o mandassem cantar. Cantar dá voz a um coração que conhece profundamente o evangelho da graça. É o derramar de um coração cativo pelo evangelho. Em tantas vozes que se unem para cantar, estão tantos corações chamados para conhecer Cristo como Senhor e Salvador. Daquele lugar existe um transbordar rico e autêntico de louvor. Isso deve nos dar segurança. Não importa como esteja se sentindo, se a sua semana foi boa ou muito ruim, você pode, com alívio, erguer os olhos para Jesus, pois ele o lavou e purificou para que você possa cantar onde quer que esteja sua vida, qualquer que seja o problema que esteja enfrentando.

Calvin já está com o Senhor. Mas ele não parou de cantar. O livro do Apocalipse pinta um céu de tirar o fôlego, de anjos e santos, e na verdade, toda a criação, cantando para aquele que está no trono. Apocalipse 15 descreve os santos "tendo harpas de Deus; e entoavam o cântico de Moisés, servo de Deus, e o cântico do Cordeiro" (v. 2-3) – o cântico de salvação cantado por Israel às margens do Mar Vermelho, que nós cantamos e um dia todo o povo de Deus, de todas as épocas, cantará junto a sua nova criação, dizendo:

> Grandes e admiráveis são as tuas obras,
> Senhor Deus, Todo-Poderoso!
> Justos e verdadeiros são os teus caminhos,
> ó Rei das nações!

---

5 Carol Cymbala, "I'm Clean" ©1983 Word Music, LLC and Carol Joy Music. 148.

Compelidos a... cantar!

> Quem não temerá
> e não glorificará o teu nome,
> ó Senhor? Pois só tu és santo;
> por isso, todas as nações virão
> e adorarão diante de ti,
> porque os teus atos de justiça se fizeram manifestos.
> Apocalipse 15.3-4

Passaremos a eternidade cantando, pois o evangelho nos compele a cantar. Somos um povo que, ao refletirmos sobre o evangelho, não podemos deixar de cantar. Não cantamos por sermos forçados a isso. Cantamos porque amamos cantar.

PERGUNTAS PARA DISCUTIR

1. Se "a adoração é a resposta à revelação", quais as práticas devocionais de sua própria vida que talvez ajudem a conectar o canto congregacional como resposta à liberdade em Cristo?
2. Que salmo ou outra passagem da Escritura ressoa para você como o seu "Cântico de Salvação"? Por quê?
3. Que cântico você considera como seu "testemunho pessoal" (como "Estou limpo" foi para o cantor evangélico Calvin Hunt — encontre na rede um vídeo de sua apresentação)?

Cantamos porque para isto fomos criados, mandados, compelidos. Quando cantamos as grandes verdades, grandes coisas acontecem. O cantar cheio de Cristo, estimulado pelo Espírito Santo, sai por círculos concêntricos, mudando o próprio coração e mente... mudando a sua família... mudando a sua igreja... e transformando este mundo. Os próximos quatro capítulos mostrarão como isso acontece.

CAPÍTULO 4

CANTE!... COM O CORAÇÃO E A MENTE!

As pessoas dizem que somos aquilo que comemos. Bem, as canções são o alimento da alma. O que você canta, e o que não canta, muda você.

Seu coração e sua mente requerem uma boa e equilibrada dieta da verdade do evangelho que os edifique para a semana de trabalho, para tempos de provações, e para cada fase da vida. As letras dos cânticos que cantamos em nossas igrejas e repetimos em nosso coração encontram caminho para a formação das nossas prioridades, nosso comportamento, nossos amores... nos espaços calmos (ou não tão calmos, se temos crianças) da viagem de carro, na segunda-feira pela manhã, para a linguagem de nossas orações ou ao cairmos no sono, para as respostas que damos "da esperança que há em [nós] vós" (1Pe 3.15). Sempre nos impressiona, nas reuniões de oração da igreja, como escutamos as pessoas frequentemente usando frases nas orações que vêm diretamente dos hinos que cantam.

A verdade é que os hinos que cantamos no domingo ficam conosco — e assim, eles nos formam. Foi dito corretamente que temos o povo quando temos os seus cânticos, talvez ainda mais do que os seus sermões. Isto é porque a verdade soa pelo ar de uma excelente melodia. Assim como não gostamos da comida apenas por ela ser comestível, não desfrutamos dos cânticos somente porque eles contêm a verdade, mas porque são artisticamente belos e nos satisfazem — eles nos cativam de modo mais profundo e durável. Estes cânticos empolgam nossa mente e nosso coração. Mal conseguimos esperar cantá-los, e jamais os esquecemos.

Através dos séculos, o povo de Deus tem, em imensa medida, aprendido a fé por meio do que cantavam juntos. Coma uma boa comida para a alma no domingo e você verá sua alma crescer e florescer durante a semana e durante a sua vida. Eis como isso ocorre.

1. CANTAR LEVA AS VERDADES DO NOSSO DOMINGO PARA AS NOSSAS SEGUNDAS-FEIRAS

Os cânticos que cantamos no domingo oferecem a trilha sonora de nossa semana. Cantar arquiva as mensagens da letra em nossa mente e coração. Se não cantarmos sobre uma verdade específica, é possível que oremos menos a respeito dela e pensemos pouco sobre ela na vida diária. Os cânticos cheios de Cristo podem motivar-nos no dia em que preferiríamos ficar na cama e não enfrentar aquela tarefa ou reunião ou aquele projeto. Eles nos dão suporte quando nos falta a coragem e precisamos fortalecer nossa fé. Eles nos ajudam a relembrar as Escrituras. Continuam arrancando as ervas daninhas de preocupação e medo que se enroscam em nossos pés e nos fazem tropeçar. Eles nos ajudam quando não sabemos como explicar o evangelho a um amigo, mas nos recordamos a letra do hino que nos dá as palavras certas. Eles nos consolam quando somos atingidos por algo inesperado ou trágico.

Todo dia acordamos ao som de duas vozes — uma da sabedoria e a outra da loucura; a voz do Senhor e a voz deste mundo caído. O evangelho que parecia tão claro e verdadeiro no domingo pode ser lascado, torcido um pouco, desvalorizado pelas mensagens que ouvimos durante a semana. Cantar as profundas canções do Senhor mantém mais alto em nossos ouvidos a voz certa. Tomando apenas um exemplo: se começarmos a acreditar nas ideias populares de que "a humanidade está melhorando", ou "com suficiente educação, ou terapia, ou pensamento razoável, podemos resolver nossos problemas", ou "Deus ajuda quem ajuda a si mesmo", esse hino colocará nossos pés de volta sobre a verdade do evangelho:

> Nada em minhas mãos eu trago,
> Simplesmente à tua cruz me apego.
> Nu, eu venho a ti para me vestir,
> Incapaz, encontro graça só em ti;
> Imundo, corro para a Fonte que és tu;
> Lava-me, Salvador, ou eu morro!
> Augustus Toplady, "Rock of Ages", 1763

Precisamos cantar repetidamente sobre como estávamos sob a ira de Deus, condenados à morte, sem a mínima esperança. Temos de cantar sobre a esperança que veio do alto, em forma humana, quando o Filho de Deus entrou no mundo e proveu o caminho para a salvação de toda a humanidade. Precisamos cantar que ele...

> a si mesmo se esvaziou,
> assumindo a forma de servo, tornando-se em semelhança de homens;
> e, reconhecido em figura humana,
> a si mesmo se humilhou, tornando-se obediente até à morte
> e morte de cruz!
> Pelo que também Deus o exaltou sobremaneira
> e lhe deu o nome que está acima de todo nome,
> para que ao nome de Jesus se dobre todo joelho,
> nos céus, na terra e debaixo da terra, e toda língua confesse que
> Jesus Cristo é Senhor,
> para glória de Deus Pai.
> Filipenses 2.7-11

Amigos, se nosso cântico não estiver impactando a maneira como tratamos a vida — se isso não estiver nos fortalecendo, encorajando e consolando, não teremos desembrulhado o presente que cantar significa para nós. Estaremos apenas brincando com o papel de embrulho.

A maioria de nós canta em certas ocasiões da semana, ou cantarolamos uma melodia que nos lembra a letra. Cante o que você cantou no domingo. Cante o evangelho.

2. CANTAR NOS SUSTENTA EM TODAS AS FASES DA VIDA

Como o nosso canto é alimento para a alma, se desejamos ser espiritualmente saudáveis, um dos principais desafios é desenvolver e cultivar uma dieta equilibrada e variada nos cânticos e coros que escolhemos regularmente cantar — ou seja, os cânticos que os líderes de sua igreja escolhem cantar aos domingos, e as canções que você escolhe cantar durante a semana (quer esteja escutando uma *playlist*, assoviando uma melodia no chuveiro, ou sussurrando quando está entrando em uma reunião de trabalho ou em uma consulta no consultório médico).

Perto de nossa casa na costa norte da Irlanda, viveu Cecil Francis Alexander, esposa de um bispo. Inquieta por ver a falta de conhecimento bíblico e entendimento espiritual em sua igreja e nos arredores, Cecil começou a escrever hinos que pudessem cantar juntos, cânticos que semeariam e regariam as sementes da verdade da Bíblia em jovens mentes e corações.

Embora escritos há mais de cem anos, talvez você conheça alguns: "Tudo brilhante e belo" (sobre o tema da criação), "Numa estrebaria rude" (história do Natal, Hinário para o Culto Cristão # 107, letra em português de João Gomes da Rocha), "O monte verde ali está" (a crucificação, Hinário para o Culto Cristão # 125, letra em português de Ralph Manuel). Alexander entendia que os hinos não eram simples expressões de louvor para marcar um culto ou entreter, quando a atenção estava diminuindo, e sim ferramentas poderosas em que as belas verdades colocadas em músicas memoráveis podiam inspirar uma fé mais profunda.

Hoje, os hinos de Alexander são considerados por muitos como pesados demais — para os adultos. Cânticos escritos para crianças do século XX, hoje são considerados demais para os *adultos* do século XXI digerirem. Este é um comentário interessante quanto a nossa abordagem geral de alimentar a alma, especialmente quando pensamos que ela escrevia muito tempo antes da hipercomunicação de nossa era tecnológica. Dada a enorme quantidade de informações e mensagens que chegam a nós diariamente (sem mencionar a crescente hostilidade para com a fé cristã dentro da cultura ocidental), a necessidade de nos alimentarmos do que Paulo chamou de "todo o desígnio de Deus" (At 20.27), por meio de bons cânticos que podemos lembrar, é certamente ainda maior do que quando Alexander escreveu as músicas para crianças ainda novas.

Se quisermos nos preparar para viver por Cristo em toda a vida, temos de cantar a respeito da vida inteira. Neste caso, o único hinário divinamente inspirado da história é o nosso guia e o nosso desafio. Os Salmos são hinos dirigidos a Deus, sobre Deus, cantados em comunidade com o povo de Deus. Através dos séculos eles têm sido a maior fonte de inspiração para escrever e cantar hinos. Os Salmos são nosso melhor recurso para nos ensinar sobre o que cantar, e como aplicar o evangelho a cada fase da vida. Tim e Kathy Keller, em seu excelente devocional sobre os Salmos, *Os cânticos de Jesus*, escrevem que eles "não são apenas uma cartilha incomparável de ensinos como também um armário de remédios para o coração e o melhor guia possível para a vida prática".[1] Muito pode ser dito a respeito dos Salmos, mas para este curto livro, vamos falar de apenas duas maneiras que eles deram ao povo de Deus alimento rico e variado, há séculos, e ainda hoje oferecem o mesmo ao povo de Deus.

Primeiro, *os Salmos nos dão uma vasta visão de quem Deus é.* "O que deve tornar prazerosa a adoração não é, em primeira instância, a sua novidade ou a sua beleza estética, mas seu objetivo. O próprio Deus é deleitosamente maravilhoso, e nós aprendemos a nos deleitar nele".[2]

Quando andamos pelos elegantes salões da Galeria Nacional de Retratos em Londres, vemos os rostos e contextos

---

[1] Tim e Kathy Keller, *The Songs of Jesus* (New York: Penguin, 2015), viii.
[2] Mark Ashton, R. Kent Hughes, Timothy J. Keller, ed. D.A. Carson, *Worship by the Book* (Grand Rapids, MI: Zondervan, 2002), 30.

de incontáveis pessoas através da história, revelados por meio de diferentes cores, técnicas e detalhes. Imagine os Salmos como a galeria de quadros do próprio Deus. Ao passar por eles, vemos retratos e mais retratos do seu caráter, exibidos com cores e ênfases diferentes. Ele é o Juiz, para quem a justiça perfeita é intensamente importante (Sl 75). Ele é o Pastor que nos reúne e nos protege como ovelhas (Sl 23). Ele é o Deus santo, para quem a pureza nunca será comprometida, de modo que somente o que é puro pode permanecer na sua presença (Sl 15). Ele é o Rei de toda a terra e de todas as nações, e ri do escárnio arrogante dos homens (Sl 2). Ele é o Criador, e escreveu a sua Palavra em tudo que criou, para que pudéssemos ver e conhecê-lo (Sl 19).

Existem Salmos que descrevem sua voz (Sl 29), a atenção que ele presta a nossas lágrimas (Sl 56) e aos nossos fardos (Sl 25). Existem Salmos que contam as coisas gloriosas que ele fez por seu povo (Sl 78) e salmos que falam das coisas gloriosas que fará por nós, um dia, no futuro (Sl 31). A maior diferença entre os Salmos e grande parte de nossa música moderna, nos dias de hoje, não é (como muitos pensam) o tamanho das canções, ou a falta de repetição, ou o menor uso do pronome "eu" — é a amplitude e a profundidade do caráter de Deus e como nós, sua criação, podemos humildemente encontrar o nosso lugar nesse contexto. Somos parte de uma história vitoriosa de redenção, presente e futura — aqueles que cantaram primeiro esses Salmos foram lembrados constantemente disso. Temos de cantar uma dieta que faça crescer em nós uma confiança e alegria cada vez mais profunda em um Deus que é maior do que podemos imaginar, que, contudo, nos ama como seus filhos muito mais do que sequer podemos perceber. Pois,

CANTE!

é claro, nosso Deus eterno não está trancado em quadros de muito tempo atrás ou removido para longe de nós — mediante a obra de seu Filho e a presença de seu Espírito, ele vem a cada um de nós em relacionamento pessoal e amplitude crescente de entendimento.

Cante, e cante outra vez, canções que o ajudem a ver Deus, de modo que você venha a amar mais a Deus e ser transformado por seu Espírito, tornando-se cada vez mais parecido com o seu Filho.

Segundo, *os Salmos nos mostram como lidar com a vida real.* Eugene Peterson escreve que os Salmos são o lugar onde "encontramos mais exposta e afiada a experiência de sermos humanos diante de Deus".[3] Eles despertam a mente e os afetos de nosso coração, alcançando a plenitude da existência humana. São incrivelmente honestos, abrangendo as realidades da vida e cantando através delas. Os Salmos nos levam desde o lamento arrasador de: "Até quando, Senhor? Esquecer-te-ás de mim para sempre?" (Sl 13.1) para o louvor saltitante de: "Alegra-se, pois, o meu coração, e o meu espírito exulta... pois não deixarás a minha alma na morte." (Sl 16.9-10); da experiência de ter pés com "a ligeireza das corças e me firmou nas minhas alturas" (Sl 18.33) até os tempos quando sabemos que "somos pó" (Sl 103.14); das profundezas dessas horas em que parece que Deus afastou para longe de mim um "amigo e companheiro; os meus conhecidos são trevas" (Sl 88.18) às alturas de saber o que ele faz: "Tu me farás ver os caminhos da vida; na tua presença há plenitude de alegria, na tua destra, delícias perpetuamente" (Sl 16.11).

---

3 Eugene H. Peterson, *As Kingfishers Catch Fire: A Conversation on the Ways of God Formed by the Words of God* (New York: WaterBrook, 2017), 60.

Cante!... com o coração e a mente!

Mais de um terço dos Salmos pode ser descrito como lamento. Repetidas vezes esses cânticos demonstram as dores mais agudas, as lutas mais profundas, os momentos mais solitários. Ao nos prepararmos para dirigir o canto da igreja, frequentemente nos lembramos das palavras de Henry David Thoreau: "A massa de homens vive vidas de calado desespero".[4] É aqui que muitos de nós nos encontramos quando nos ajuntamos no domingo. No decurso de nossa vida, talvez conheçamos tempos em que é fácil ter ânimo ao nos levantarmos para cantar; mas, frequentemente, chegamos para cantar com o coração pesado, onde o canto engasga um pouco na alma, se não na garganta. Nenhum de nós conseguiu resolver tudo. Temos de ter cânticos que reconheçam essas realidades sem nos levar a nos desesperarmos por causa delas, porque elas nos conduzem à Rocha que é mais alta do que nós.

Uma pessoa que sempre nos inspira por seu exemplo de fé em meio ao sofrimento é Joni Eareckson Tada. Certa vez, ela escreveu: "A minha fraqueza, ou seja, minha tetraplegia, é a minha maior vantagem, porque ela me força a correr para os braços de Cristo a cada manhã".[5] Uma das formas que ela faz isso é cantando. Não conseguimos lembrar um tempo em que estivéssemos com Joni em que ela não liderasse as pessoas ao redor dela em cantar. Ela ama cantar o evangelho, ama cantar cânticos antigos e novos, e ama especialmente cantar sobre o céu. Por décadas, cantar junto aos crentes tem ajudado a sustentá-la como nada mais. Um hino especialmente favorito de Joni é "Habita comigo":

---

4 Henry David Thoreau, *Walden* (New York: Thomas Y. Crowell & Co., 1910), 8.
5 Joni Eareckson Tada, www.brainyquote.com/quotes/quotes/j/jonieareck526378.html?src=t_forces.

CANTE!

Habita comigo; rápida, cai a noite;
As trevas crescem; Senhor, habita comigo.
Quando outros ajudadores falham e o conforto foge.
Ajuda o desamparado, Ó! Habita comigo!
Henry Francis Lyte, 1847

Se os nossos cânticos não estão nos dando uma dieta equilibrada, rica e nutritiva, não seremos pessoas espiritualmente saudáveis. Parece-me que em anos passados as pessoas voltavam para a igreja quando estavam em lutas, quer fosse a perda de uma pessoa na família, saúde precária, quer por falta de chuva para as plantações. Na igreja, encontravam realismo quanto à vida como ela é agora, e esperança para a vida que virá.

Será que muitos de nossos cultos atualmente desligam as pessoas que estão sofrendo e buscando Cristo? Será que nossos cânticos apresentam um verniz de felicidade em vez de alegria robusta em meio à dor? Será que as fontes a que apontamos quando cantamos são suficientemente profundas para vencer a sede que as provações da vida nos dão? Se não for assim, nossa dieta está empobrecida — nossas palavras, pequenas demais.

Os Salmos mandam que cantemos quando estamos alegres. Temos a liberdade de dançar com exuberância, gritar alto, cantar e tocar música com excelência, celebrar nossas vitórias. Mas não podemos *apenas* cantar aquilo que nos deixa contentes quando estamos felizes. Podemos também cantar quando estamos tristes, e *precisamos* cantar sobre Cristo quando estamos tristes. Temos liberdade para chorar, derramar a alma a um Deus que ouve e que age. Cantamos para nossos irmãos e irmãs nos momentos ou nas circunstâncias em que eles não conseguem cantar. Cantamos, como os Salmos nos treinam a fazer, para trazer toda a nossa vida, nossas falhas, nossos sucessos, nossas perdas e ganhos, nossos sonhos e ambições, em perspectiva evangélica. Nosso cantar pode nos preparar para todas as épocas da vida, e nos sustentar em cada fase da vida. Não precisamos uma fuga musical de nossa vida; precisamos contemplar o Salvador de nossa vida — nosso refúgio, auxílio e conforto.

3. CANTAR NOS LEMBRA O QUE DEUS FEZ EM NOSSA VIDA

Muitos de nós provavelmente conseguimos pensar em um hino ou música que cantávamos muito tempo atrás que ainda hoje nos influencia. Um desses hinos para nós é "Tu és fiel", escrito nos anos de 1920s. Quarenta anos atrás, foi cantado no casamento dos pais de Kristyn. Lembramos de tê-lo cantado quando crianças, depois quando adolescentes, e durante os anos de universidade, enquanto trabalhávamos as perguntas e dúvidas que todos nós fazemos ao considerar nossa fé. Recém-casados, e depois como novos pais, cantávamos juntos, olhando para os que eram mais velhos que nós e que enfrentaram o que nós vivemos hoje. Ao cantar "Tudo que preciso tua mão tem provido", fomos encorajados porque Deus foi e é fiel a nós, como foi para eles. Observamos quando uma filha nossa levantou e cantou com seus avós, e pensamos em como este lindo hino poderá segui-la em sua própria jornada de fé.

> Tu és fiel, Senhor, ó Pai Celeste;
> Teus filhos sabem que não falharás;
> Nunca mudaste, tu nunca faltaste,
> Tal como eras tu sempre serás.

> Tu és fiel Senhor, tu és fiel Senhor,
> Dia após dia, com bênçãos sem fim,
> Tua mercê nos sustenta e nos guarda
> Tu és fiel, Senhor, fiel assim.
> Thomas Chisolm, 1923 – versão em português J. Sutton,
> L. Bueno e Hope G. Silva

Alguns de nós lembramos do primeiro cântico cristão que cantamos depois de colocarmos em Jesus a nossa fé. Alguns de nós estavam cantando no exato momento em que começamos a crer nele. Alguns conseguem marcar o momento em que Deus estava muito próximo e os guiou por meio de um cântico, enquanto passavam por momentos trágicos. Outros se lembram de derramar o louvor em tempo de grande alegria. Quando cantamos de novo esses hinos, é uma oportunidade de ser encorajado, empolgado e humilhado novamente por tudo — relembrar que grande é a fidelidade de Deus... que a cada manhã ela se renova com novas misericórdias... que ele proveu tudo que precisamos. Ao relembrar a fidelidade de Deus no passado, tantas vezes delineada no coração por meio de uma canção, somos inspirados e equipados a enfrentar os altos e baixos da semana. Esta é uma das razões que necessitamos uma boa porção de bons cânticos armazenados para levar conosco por toda a nossa vida.

4. CANTAR MANTÉM NOSSA MENTE NA ETERNIDADE

Certa noite quando nossa filha Eliza subia na cama, ela disse: "Mãe, cante aquela música sobre 'breve, ah tão breve, nós veremos o Rei'. Você o conhece?"

Cante!... com o coração e a mente!

Sim, nós o conhecemos.

Nossa verdadeira alegria fica muito limitada, se o conteúdo do que cantamos ficar fechado no curto espaço da nossa vida sobre a terra. Precisamos que o canto seja repleto da história sem fim sobre a esperança do céu, e sua real presença durante os momentos da vida cotidiana.

Por isso olhamos o que cantamos para lembrarmos daquilo que é o conforto para o povo de Deus; mas, que é também a angústia daqueles que estão fora de sua graça — o juízo de Deus e a condição de eternamente perdidos dos que morrem recusando confiar no Senhor para sua salvação. Contudo, provavelmente como reação à pregação de "fogo e enxofre" de uma geração anterior, talvez tenhamos oscilado demais para o lado oposto. Ao ler um hinário recentemente publicado, vimos que, dentre os mais de 150 cânticos, apenas três enfocaram o céu, inferno, juízo, ou o fato que viveremos pela eternidade.

Afinal, um dia cantaremos um último cântico nesta vida, e a realidade da vida além da morte será nossa experiência presente. Que as músicas que falam da eternidade, cantadas agora por sua igreja, sejam tão conhecidas para você que estarão em seu coração e lábios quando você entrar na eternidade.

O avô de Keith costumava chegar ao culto de domingo uns bons quarenta e cinco minutos mais cedo. Sentava no lugar de costume e passava pelos hinos do hinário, enquanto orava preparando-se para o culto. Aqueles cânticos o asseguravam. Ensinavam. Ensaiavam com ele a verdade. Mantinham-no olhando à frente, ao que era eternamente real — o que sempre foi verdadeiro desde antes da fundação do mundo, e o que continuaria sendo verdade para o resto de seu tempo de vida e além. Quando ele estava com os seus noventa anos, incapaz de

CANTE!

lembrar os nomes dos de sua própria família, e muito menos realizar as tarefas mais básicas do dia a dia, ele podia recitar ou responder às palavras e melodias daqueles hinos.

Estes eram os cânticos que ele cantava e levava consigo por toda a vida. Trancado nas dobras e rugas de sua memória de longo prazo, ele conseguia obtê-los mesmo quando tudo mais se tornara confuso. Eles lhe trouxeram paz considerável, mesmo nos tempos mais difíceis de seus anos de declínio. Para ele, como para muitos, as maiores batalhas da vida estavam no fim. Ele tinha a sua lista de cânticos preparada para esse tempo, e isto o carregou até a glória. Como ele, precisamos cantar hoje os cânticos com os quais queremos envelhecer — coros e hinos que ergam nosso coração e nossa visão para a eternidade e ao nosso Senhor eterno, quando a vida na terra começar a escorregar de nossas mãos. Como ele, precisamos cantar esses cânticos com outras pessoas em nossa igreja, para que elas também possam olhar todo dia para a eternidade, incluindo o seu dia derradeiro. Que nós, como ele, possamos dormir com cânticos do evangelho nos lábios, e acordar cantando aos sons do céu.

VIEIRAS E CANÇÕES

Quando moramos no estado de Ohio, havia um restaurante em Hudson que amávamos, onde podíamos sentar perto da cozinha, olhar e conversar com os *chefs*, enquanto eles preparavam a comida. Keith nunca antes tinha comido vieiras, e não estava animado pela ideia, mas ao ver o *chef* cozinhando do jeito certo, conversando com ele sobre o processo e deixando-o provar algumas vieiras, Keith descobriu que gostava. Depois, descobriu que as amava. Logo descobriu que esse restaurante mudou para sempre o seu paladar.

Cante!... com o coração e a mente!

Precisamos desenvolver o apetite para a boa comida para a alma — para o canto congregacional. Desenvolvemos isso por foco e por prosseguimento. Quando estamos na igreja, e ficamos em pé para cantar, temos de focar conscientemente sobre o que está acontecendo, para que a atenção não fique instável. Quando cantamos, não é que Deus chega de repente (ele está em todo lugar, em todo o tempo). Ele nunca está ausente – mas frequentemente, nós nos ausentamos. (Todo mundo descobre-se pensando sobre alguma coisa do trabalho ou fazendo uma lista mental de compras, enquanto todos ao redor estão cantando.) Peça a Deus que o ajude a manter o foco; pense nas palavras que está cantando e nas imagens que elas pintam; responda em oração às palavras que mexem de modo especial com você; esteja atento aos que se encontram ao redor de você, tendo prazer por fazer parte de algo maior do que apenas você mesmo; anote quaisquer palavras ou frases que não entendeu, para perguntar mais tarde ao pastor ou a outro cristão. Se, depois de tudo isso, você descobre que a atenção ainda assim vagueou, não desista – *refoca!*

E então, durante a semana, continue cantando as canções. Lembre delas ao acordar de manhã, ao tomar banho de chuveiro, ao dirigir para o trabalho, ao fazer exercícios na academia, enquanto trabalha, ao passar tempo com a família, e antes de dormir, à noite. Elabore listas de cânticos para escutarem e cantarem juntos. Mantenha um hinário ou anotações das letras junto a sua Bíblia. Cante para si aquilo que você cantou no domingo, pois aquilo que você canta dá forma ao seu coração, mente e alma. Dê a si mesmo a boa, profunda e rica verdade do evangelho para se alimentar. Você é aquilo que você canta.[6]

---

6 Mark Noll, "We Are What We Sing," *Christianity Today*, July 12, 1999, 37.

CANTE!

PERGUNTAS PARA DISCUTIR

1. Existe um hino, ou hinos, do seu passado que seja marcante em sua caminhada com Cristo? Por que continua sendo significativo, e como ele fala hoje ao seu coração?
2. Que cântico moderno (novo para você nos últimos anos) o tem conectado de modo a você crer que ele será um "marco de milhas" para você no futuro?
3. Os seus cânticos favoritos, que você ama cantar, revelam um retrato amplo e profundo do caráter e natureza de Deus? O mesmo pode ser dito sobre como pensamos em Deus e como oramos a ele?
4. As canções que cantamos nos ligam a todas as circunstâncias da vida (tempos de sofrimento e envelhecimento, como também às celebrações e tempos de gratidão)?
5. Quanto dependemos durante a semana dos hinos que cantamos na igreja (de manhã, no carro, no trabalho)?

CAPÍTULO 5

CANTE!... COM A SUA FAMÍLIA!

Amarás, pois, o SENHOR, teu Deus, de todo o teu coração, de toda a tua alma e de toda a tua força. Estas palavras que, hoje, te ordeno estarão no teu coração; tu as inculcarás a teus filhos, e delas falarás assentado em tua casa, e andando pelo caminho, e ao deitar-te, e ao levantar-te.
Deuteronômio 6.5-7

Levar a sério esta ordem inclui cantar os cânticos de nossa fé em nossos lares. No *seu* lar. A igreja deve ser um lugar de banquetear-nos de cânticos bons de serem cantados, e o apetite para isso é provido em casa.

Era uma prática puritana do Século XVII ser recusada a comunhão a um homem no domingo, se ele não estivesse envolvido ativa e consistentemente em liderar a oração, o cântico de hinos e o estudo bíblico com sua família durante a semana. Não sugerimos que se repita essa abordagem! Mas, se nossos antepassados espirituais levavam tão a sério o que acontecia dentro do lar, não deveríamos nós também fazer o mesmo?

Sabemos que cantar em casa pode ser uma ideia que o deixe desconfortável. Talvez você esteja pensando:

CANTE!

Mas meus filhos não querem ouvir minha voz cantando.
Mas meus filhos não vão querer cantar juntos.
Mas eu não toco nenhum instrumento.
Mas o que nós cantaríamos?

Se esse for seu caso, este capítulo lhe dará uma nova perspectiva. Se for algo que você já faz com regularidade, esperamos que este capítulo lhe dê boas ideias e encorajamento. Uma rápida palavra antes de começar: o foco aqui é na família, em lares que incluam crianças. Se essa não for a sua situação no momento, pense em como os princípios delineados aqui se relacionam ao que você está vivendo no momento, ou onde um dia talvez você se encontre. No mínimo, poderão ajudá-lo a orar com sabedoria pelas famílias de sua igreja, o que não é nada mau!

CANTAR E ESQUIAR

Na cultura irlandesa tradicional, as histórias de heróis e os valores que eles compartilhavam eram frequentemente transmitidos por cânticos. Enquanto nós crescíamos, era comum ver as famílias e os amigos cantando juntos dentro dos lares e em pequenos espaços públicos, reforçando o senso de comunidade e a experiência compartilhada por meio de sua música. Mais do que ouvir um solista, ou recitar um hino de torcida em uma competição esportiva, ou fazer parte de uma apresentação de músicas de Natal uma vez por ano, nestes contextos orgânicos e familiares, as crianças encontravam suas vozes para cantar e aprendiam sua cultura.

Os pais no antigo Israel também eram desafiados a ter certeza que seus filhos aprendessem a cultura, o que incluía aprender as verdades sobre o Deus de Israel. O claro e inflexível clamor do *shemá* ressoava aos ouvidos de todo pai e mãe. Uma das formas que eles "imprimiam" a verdade sobre seus filhos era por meio dos cânticos que entoavam juntos – cânticos como:

> Abrirei os lábios em parábolas
> e publicarei enigmas dos tempos antigos.
> O que ouvimos e aprendemos,
> o que nos contaram nossos pais,
> não o encobriremos a seus filhos;
> contaremos à vindoura geração os louvores do Senhor,
> e o seu poder, e as maravilhas que fez.
> Salmos 78.2-4

Nossa cultura é diferente, mas o desafio é o mesmo. Se você for mãe ou pai cristão, tem este desafio e esta responsabilidade. Nós vivemos em uma cultura de desempenho, em que especialistas tocam e nós escutamos, mas nós e nossos filhos – especialmente nossos filhos – perdemos algo de enorme significado, se isso for tudo o que a música representa para nós. Sally Goddard Blythe, consultora britânica em educação de desenvolvimento neurológico, escreveu em *The Genius of Natural Childhood*:

> Cantar é um tipo especial de fala. As cantigas de ninar, as canções e rimas de toda cultura carregam as melodias e inflexões 'de assinatura' da língua materna, preparando o ouvido, a voz e o cérebro da criança para a linguagem.[1]

---

1 Sally Goddard Blythe, *The Genius of Natural Childhood: Secrets of Thriving Children* (Stroud, UK: Hawthorn Press, 2011).

CANTE!

Noutras palavras (mais simples!), cantar é um dos melhores modos de ensinar as crianças, e temos de começar quando são pequenas.

No início de nosso casamento, moramos em Genebra, Suíça, por um ano. Descobrimos o prazer de esquiar (infelizmente, os esquis nunca nos retribuíram este prazer – éramos, os dois, terríveis nesse esporte). Frequentemente, estávamos rastejando pela encosta, enquanto tentávamos ficar fora do caminho de várias criancinhas pequenas que passavam voando. Perguntamos a nossos amigos suíços com que idade eles tinham aprendido a esquiar, e uma moça nos disse que não se lembrava de quando tinha aprendido, porque era muito pequena quando começou. Essa mesma moça falava diversas línguas fluentemente desde seus "anos de mais pequenina" — e ela aprendeu a falar esses idiomas, quando criança.

Que cantar o evangelho seja para a sua família o que é para os suíços o esquiar incrivelmente cedo e falar múltiplas línguas. Precisamos tornar o cantar as verdades da Bíblia parte da natureza de nossos filhos, uma "segunda língua" dentro do lar. Cante sobre essas verdades quando estiver assentado em casa e quando andar pela estrada, quando se deitar e quando você levantar pela manhã. Cante com os filhos quando os colocar na cama, à noite, ou quando a família se reúne para o jantar, ou quando você dirige o carro com o CD ligado. Mais cedo ou mais tarde, eles começarão a cantar sem serem solicitados. Junte-se a eles.

Desde que vieram nossas filhas e temos tentado ser bons pais, frequentemente perguntamos aos pais mais velhos: "Como você fazia?" Certa vez, Keith fez essa pergunta ao Dr. John MacArthur. Enquanto ele e sua esposa olhavam em retrospectiva aqueles anos formativos de criar a família, ele disse que o seu hábito de maior prioridade era o de imergir os filhos em músicas inesquecíveis, cheias da Palavra. Ele contou que sempre tentaram preencher tantas diferentes partes de suas vidas quanto possível com oportunidades para cantar, tocar fitas e CDs no carro, na cozinha, na sala, em seus quartos à noite.

ENTENDIMENTO MEMORÁVEL

As canções ajudam a treinar nossos filhos na "linguagem" do cristão. O que queremos ensinar aos filhos vai mais fundo neles quando cantamos do que quando apenas falamos.

Em Êxodo 12, quando Deus dá a Moisés as instruções sobre como as famílias israelitas deviam celebrar a Páscoa a cada ano, lembrando quando foram resgatados do Egito, ele diz:

> Quando vossos filhos vos perguntarem: Que rito é este?
> Respondereis: É o sacrifício da Páscoa ao Senhor...
> Êxodo 12.26-27

Recontar a história no Antigo Testamento não excluía as crianças. Os Salmos também não os excluíam. A curta frase "quando vossos filhos perguntarem" é bastante reveladora. Primeiro, a sua fé tem de ser evidente a ponto de uma criança fazer perguntas sobre ela. Segundo, você tem de estar preparado para dar respostas a seus filhos. Claro que a nossa refeição de páscoa é a Ceia do Senhor. Mas, este princípio se aplica também mais amplamente. Cantar juntos em casa é excelente modo para provocar perguntas e dar respostas, visando a profundidade de entendimento espiritual em nossos filhos de maneira memorável:

CANTE!

"O que quer dizer com os redimidos na glória, mãe?"

Ou

"Por que você queria ter mil línguas para cantar, pai?"

Cantar o evangelho transforma o coração, e cantar o evangelho prepara o coração. Claro que cantar não é uma fórmula mágica que garante profunda fé numa criança, mas é uma maneira de plantar e regar a palavra de Deus no coração dela. Se uma criança passar por uma fase de rebeldia, o que você deseja que ela lembre sobre a fé cristã, que a chame e convide para voltar? Encha agora a sua memória com o evangelho, por meio de cânticos que continuarão a cantar para ela durante os anos que virão.

Ainda que nossa fé tenha de ser ensinada, ela é também "pega" dentro de nossos lares, por meio do que nossos filhos enxergam e ouvem de nós. Cantar é contagioso. Cante com os seus filhos. Você não precisa saber cantar bem. O fato de cantarmos permanece mais importante do que o som que é produzido.

O QUE AS CRIANÇAS DEVEM CANTAR?

Quando trabalhava a respeito de como escrever histórias para crianças, C. S. Lewis foi guiado por aquilo que ele mesmo gostava. Com os cânticos é a mesma coisa. Cante aquilo que *você gosta*, o que você aprecia cantar, as canções que fazem bem a sua vida espiritual. No cerne do encorajamento de cantar aos filhos está um coração que canta.

Em um ensaio sobre escrever para crianças, Lewis sugeriu que as crianças não aprendem como um trem que vai de uma estação para outra, e sim como uma árvore que vai acrescentando os seus anéis. As crianças, assim como os adultos, acrescentam e constroem sobre aquilo que já conhecem; temos de procurar fazer com que esses primeiros anéis de crescimento sejam saudáveis e fortes, provendo fundamento sólido sobre o qual a criança possa construir. Avaliamos o equilíbrio do conteúdo do que cantam com a visão de Deus que essas canções desenvolvem na mente das crianças.

Como pais de crianças pequenas, estamos aprendendo a *não* tratar nossas filhas com condescendência nem subestimar aquilo que aprendem e memorizam quando cantam. Com nossas meninas sempre cantamos canções simples como "Jesus me ama", mas também hinos mais longos e cheios de significados sobre o mesmo assunto, como "Quão profundo é o amor do Pai por nós". Não tenha medo dos hinos mais antigos de linguagem antiquada e muitos "tus" e "tigos", mas explique-os à medida que aparecem. A bisavó de Kristyn frequentemente recitava "Jesus terno Pastor, ouve-me, abençoa hoje tua ovelhinha", antes de Kristyn e sua irmã dormirem. Isso não as confundia, mas ajudava a afinar o ouvido para a poesia dos hinos.

Podemos dar aos filhos um pouquinho mais do que eles entendem nas canções que cantamos com eles. Com o tempo, isto os ajudará a crescerem com o entendimento de toda a letra; é como comprar sapatos novos para o filho em tamanho um pouco maior do que precisam no momento, para que, ao crescer, eles aproveitem mais o uso. Não subestime o valor de cânticos que contam grandes histórias da Bíblia ou ajudam a memorizar versículos bíblicos (mas saiba discernir — só porque a melodia é fácil e suas crianças gostam de cantar não significa que as suas letras ajudem).

CANTE!

MAS MEUS FILHOS SÃO ADOLESCENTES...

Talvez você esteja lendo este livro e pense: *Meus filhos já são adolescentes e não tem sido assim em nosso lar. Como é que começo a cantar com uma turma jovem?*

Como ainda não chegamos nesta fase, pedimos a uma mãe, em cujo lar existem, presentes ao mesmo tempo, ambas as coisas: *adolescentes* que cantam muito! Talvez conheça o nome de Bobbie Wolgemuth. Ela e Joni Eareckson Tada escreveram uma série de livros chamada *Hymns for a Kid's Heart* (Hinos para o coração dos jovens), contando as histórias dos hinos e ensinando-os. Bobbie não cresceu numa família cristã, e quando teve os próprios filhos, ela e Robert, seu marido, tomaram a decisão consciente de que encheriam seu lar com os hinos da fé. Os meninos cantavam quando adolescentes, como parte do dia a dia da vida, como, por exemplo, quando ajudavam a mãe a preparar o jantar. Bobbie faleceu de câncer alguns anos atrás, e esses hinos que aprendeu como crente nova e depois como mãe, sustentaram-na através de sua enfermidade. Quando perguntamos a Robert sobre cantar com adolescentes, ele fez algumas sugestões:

1. Fale e mostre aos filhos por que isso é importante. Faça parte de uma família da igreja que demonstre claramente o canto congregacional bem entoado, especialmente com oportunidades em que se possa cantar com os filhos na igreja, ao invés de mandá-los sair para assistir outro "culto" feito só para eles.
2. Torne-o mais agradável e atraente possível. Encontre versões contemporâneas de boas canções que cativem os ouvidos do adolescente.

3. Comece. Comece a tocar os cânticos em casa. Deixe que eles o vejam cantando.
4. Não tenha medo de seus filhos! Você tem o direito e a responsabilidade de ser pai e mãe deles.

Já notamos muitas vezes que quando os pais (especialmente o pai) não cantam, isso frequentemente leva os filhos mais velhos a herdar como resposta atitudes indiferentes que, tristemente, vão além dos cânticos. Seja pai ou mãe que canta com alegria, e ore para que seus filhos, em qualquer idade que estejam, o sigam — não somente no cantar, mas na fé que traz tanta alegria.

O SOM DO LAR NA IGREJA

Estas experiências "em casa" são espaços fundamentais para o canto que fazemos de domingo a domingo. Ligam nosso lar pessoal ao nosso lar-igreja, treinando os filhos a cantar, e cantar bem, como parte da congregação. Tais experiências ligam nossos lares aos futuros lares dos nossos filhos, treinando esta geração, a cantar, no futuro, com os filhos deles. Ajudam a preparar os filhos e a nós mesmos para nosso lar eterno, quando todas as famílias do mundo se unirão em louvor ao Salvador.

Cremos que cantar é transformador. Em uma cultura em que os laços da família são muitas vezes frágeis, cantar juntos pode colocar força nos braços quando seguramos um no outro. Isso pode ajudar a restaurar o que Deus intenta que seja a família, ligando-nos quando a pressão é para nos afastarmos uns dos outros. Pode nos treinar a estar confortáveis e confiantes ao falar de nossa fé, em vez de inseguros e tímidos.

CANTE!

Se você estiver desanimado pelas tendências musicais na igreja, mais amplas no momento, lembre: algumas das pessoas que escreverão as canções, escolherão as músicas e dirigirão o louvor cantado nas igrejas amanhã, estão sob nossos cuidados e treinamento hoje. Se pudermos inspirar o cântico cristão alegre, bem elaborado, e de coração, em nossos lares hoje, poderemos transformar a igreja em uma única geração. Que oportunidade! Amigos, vamos levar a sério o canto em nossas famílias, como investimento na saúde espiritual de nossos filhos:

> Povos e reinos de toda língua
> Habitem seu amor com o mais doce cantar
> E as vozes infantis proclamarão
> Cedo, as bênçãos do seu nome.
> Isaac Watts, "Jesus Shall Reign", 1719

DEZ IDEIAS PRÁTICAS

Como pais de três meninas ainda pequenas, somos amadores (e quem não é?!) no que diz respeito a ser bom pai e boa mãe. Temos admirado e copiado de outras famílias a maioria dessas ideias para fazer as crianças cantarem o evangelho.

1. Use toda a ajuda e todas as oportunidades que puder

Cante enquanto anda pela casa. Toque os hinos do domingo no seu café da manhã, ou em seu telefone celular durante parte da rotina da hora de dormir. Se os seus filhos estiverem aprendendo a tocar instrumentos, compre partituras de hinos. Pergunte aos filhos quais as músicas eles gostam de cantar na igreja e cante-as em casa. Não estamos dizendo que sua casa

Cante!... com a sua família!

deva parecer que Maria Von Trapp passou a morar ali. Mas tenha como alvo a verdade ser cantada nos espaços onde acontece a vida. A família de Keith cantava regularmente a oração de agradecimento pela refeição, e hoje fazemos o mesmo com nossas filhas. Por exemplo, a Doxologia de Calvino, "A Deus supremo benfeitor", tem uma maravilhosa letra sobre a Trindade para as crianças cantarem.

2. Ensine aos filhos canções com as quais você deseja que envelheçam

Faça uma lista dos cânticos que você deseja que os filhos conheçam por toda a vida, que ensinem a fé com clareza e riqueza. Toque-os no carro e em casa; você mesmo cante-os no decorrer do dia, e chame atenção a eles quando são cantados no culto aos domingos. Os melhores hinos para a juventude são muitas vezes os melhores cânticos para a nossa terceira idade.

3. Converse sobre o que está fazendo e o que esses cânticos significam

Tome tempo para falar sobre o motivo que nós cantamos, o que acontece quando cantamos, e como usamos o dom do canto para servir uns aos outros. Uma das coisas mais engraçadas é ouvir seus filhos pronunciarem erradamente as letras, por eles não saberem o que uma palavra quer dizer. Tire um momento para explicar uma palavra ou frase. Use a letra de um cântico para iniciar uma conversa sobre a fé. Nós ensinamos as meninas um hino do mês. Quando aprendemos "Santo, santo, santo" divertimo-nos um pouco com os querubins e serafins!

CANTE!

4. Prepare para o culto dominical

Antes de ter filhos, não tínhamos ideia de como era uma realização de primeira grandeza o conseguir que a família inteira chegasse à igreja na hora, aos domingos! Mas sempre que possível, ajude as crianças a cantarem bem no domingo na igreja, ensinando os hinos em casa, em família. Isso irá proporcionar que elas conheçam a melodia, entendam os conceitos e palavras mais complexos, e possam cantar confiantes e com alegria.

Existem poucas coisas mais belas do que observar a expressão no rosto de uma criança pequena que acaba de perceber que ela conhece as palavras do hino que estão cantando na igreja. Existem poucos sons mais maravilhosos do que ouvir uma criança cantar essas palavras conhecidas (talvez com uma melodia ligeiramente diferente!).

Igualmente, é ótimo cantar na igreja e conversar sobre esses mesmos cânticos, mais tarde, aos domingos. A maioria de nós vai e volta de carro até a igreja — uma excelente oportunidade de conversar, orar e cantar juntos sobre o que estamos prestes a fazer ou sobre o que acabamos de fazer. (São muito úteis as sugestões de Bob Kauflin sobre preparar a família para o domingo, em seu livro *Worship Matters*.)

5. Modele uma participação apaixonada no culto

Lembre-se sempre que, quando você está cantando na igreja, os seus filhos (e os de todos os demais ao redor) estão vendo e observando. Nós dois temos fortes lembranças de observar nossos pais e avós cantando na igreja e dando valor ao que faziam. É maravilhoso ficar em pé ao lado dos filhos e cantar com eles.

As crianças precisam ver também outros pais e mães, e crianças mais velhas do que elas, cantando, para que entendam que cantar não é coisa "só de criancinhas", nem mesmo alguma coisa estranha que só a sua família faz! Sentem-se em algum lugar do salão, na igreja, onde seus filhos estarão cercados de fortes cânticos. Use as músicas da igreja para fortalecer seus músculos vocais, e, por extensão, seus músculos da fé.

Faça crescer o amor por ouvir e juntar a voz à congregação, de modo que a igreja seria estranha a elas se não escutassem esse som. Devemos ir à igreja na expectativa de cantar.

6. Esteja alerta a todas as músicas às quais seus filhos estão expostos

Keith tem uma lembrança bem viva de crescer ouvindo falar da mãe de um colega de escola que, ao saber de um novo amigo, perguntou-lhe: "Como são os seus amigos e que tipo de música eles escutam?" Que pergunta interessante! Pode até parecer simplista e preconceituosa (é possível que seja) — mas toca a verdade que a música — toda música — nos afeta quando a escutamos. Em última instância, não existem letras neutras. Toda canção compartilha uma mensagem sobre como devemos ver o mundo. Assim, devemos ouvir, discutir e entender o que nossos filhos estão ouvindo. Não é questão de proibir tudo que não ensine explicitamente o evangelho! Nós amamos e tocamos todo tipo de música com nossos filhos. Mas queremos equipar os filhos a escutar com discernimento e pensar no que ouvem.

7. Se os seus filhos estão vidrados em música...

Estimule-os! Se eles tiverem dons musicais, ajude-os a ver que foram dados pelo Senhor, para usar no serviço ao

CANTE!

povo do Senhor (Ef 4.7-8, 12). A igreja é (e tem sido, por toda a história) berço incrível de treinamento e expressão musical.

Nós dois crescemos com pais que não somente nos levavam por toda parte para aulas de música e ensaios, mas tinham também "portas abertas" no lar — quatro pais e mães longânimos que, quando nós começamos a fazer música, abriram a casa para comer e se reunir, ensaiar e discutir, celebrar e ter empatia. Se os seus filhos são musicais, sejam este o tipo de pais que eles precisam. Pode ser cansativo, mas é também fonte de muita alegria!

8. Se a sua igreja tiver um coral infantil, se puder, dê o seu apoio

Na correria da vida isso pode parecer mais uma coisa a fazer, mais uma viagem levando as pessoas no carro (e mais tempo para tocar mais músicas!). Mas, é um encorajamento para os filhos — vai atraí-los a cantar a vida inteira na igreja, e aprenderão a ser cantores. É um encorajamento para toda a congregação — quando as crianças cantam, há um impacto muito especial sobre as pessoas que ouvem (Sl 8.2). Uma das razões pelas quais iniciamos nossa série do "Hinário de Crianças" foi por que escutar as crianças cantando inspira outras crianças, bem como os adultos, a cantar.

9. Cultive uma opinião elevada sobre todo o tipo de arte

Algumas das questões da música na igreja de hoje não são tanto sobre determinado estilo não ser correto, mas por que somos restritos demais e talvez maçantes em nossa expressão. Inspire os filhos com diferentes instrumentos, sons, linguagens, e, ao falar, você mesmo, de maneira positiva sobre todas essas coisas. Ensine-os a serem estudantes de descobertas, durante toda a vida, nesta maravilhosa criação que Deus construiu ao nosso redor e dentro de nós.

Nas casas dos Getty e dos Lennox, nós dois nos beneficiamos de conversas animadas sobre as artes, música clássica, livros, viagens, e a fé, que estimulavam curiosidade, sinceridade e criatividade.

10. Cantem Hoje

Pode ser que nunca haja um dia perfeito para começar a cantar as verdades junto com seus filhos. Mas existe *hoje*. Eles não são velhos demais. Não são novos demais — temos nos surpreendido até mesmo com nossa filha de dois anos, como conhece bem diversos cânticos. (Lembre o provérbio antigo — "Dê-me uma criança até os sete anos e eu lhe mostrarei o homem"). Não fique à espera. Nós fomos forçados a começar isso com uma experiência hilária na Escola Wilberforce (New Jersey) quando as crianças da escola queriam apresentar uma de nossas músicas (começaram por explicar como eles usavam diferentes hinos para ajudar a ensinar a fé para as crianças), e nossa filha Eliza (que tinha quatro anos na época) saltou para se juntar ao coral e, claro, era a única criança que não conhecia todas as palavras — um momento embaraçoso de paternidade! Pense em uma ou duas coisas que precisam mudar, comece e continue. Cantem juntos hoje.

CANTE!

PERGUNTAS PARA DISCUTIR

1. Se você foi criado em um lar cristão, quais os cânticos da infância você lembra mais? Que hinos você conhece? Que versículos bíblicos e histórias você conhece por causa dos cânticos? Que hinos você deseja passar para seus filhos?
2. Se for pai ou mãe ou avô ou avó, como se sente cantando para e com seus filhos ou netos? Pode pensar em maneiras de tornar isto mais fácil, divertido, e parte natural da vida em família?
3. Que ministérios da igreja as crianças e os adolescentes apreciam atualmente? O que podemos fazer para torná-los mais envolventes e agradáveis para as crianças e os adolescentes?
4. O que impede sua família hoje de cantar mais em sua casa?

CAPÍTULO 6

CANTE!... COM A IGREJA LOCAL!

A "Giant's Causeway" é um lugar declarado como patrimônio mundial que fica a minutos da porta da frente de nossa casa, na Irlanda do Norte. É uma maravilha geológica que consiste em quarenta mil pedras que surgem naturalmente, a maioria das vezes em forma hexagonal, unidas em várias alturas, acima da íngreme costa de Antrim. Passando por muitas temperaturas e estações diferentes (mais frequentemente com chuva) as pessoas chegam do mundo inteiro para escalar as rochas e observar as ondas.

Existe algo nessa vista que lembra a igreja. Pedro escreve em sua primeira carta à igreja em seus primórdios:

> Chegando-vos para ele, a pedra que vive, rejeitada, sim, pelos homens, mas para com Deus eleita e preciosa, também vós mesmos, como pedras que vivem, sois edificados casa espiritual para serdes sacerdócio santo, a fim de oferecerdes sacrifícios espirituais agradáveis a Deus por intermédio de Jesus Cristo.
> 1Pedro 2.4-5

Tais como estas pedras de ângulos múltiplos, ainda que com nossas pontas agudas e beiras afiadas, nós que somos povo de Deus estamos sendo construídos sobre a Rocha sólida que é o nosso Senhor Jesus. A igreja é a única estrutura que vai permanecer sempre de pé. Nada — nem mesmo as tempestades do inferno — prevalecerá contra ela. Hoje, enquanto você lê, pessoas de todas as nações, tribos e línguas estão chegando para encontrar refúgio que as proteja das ondas, tal como nós o fazemos.

JUNTOS

A melhor e mais perfeita forma de expressar uns aos outros uma doce concordância de mente é por meio da música.[1]

Quando cantamos juntos como igreja, estamos mostrando como somos uma congregação de pedras vivas. Nosso canto é a expressão audível dos laços que partilhamos, testificando a vida que habita nessas pedras. Fomos talhados dos mesmos elementos de fé, unidos em um só Senhor, cheios de um só Espírito, trazidos a uma só igreja, para oferecer a Deus o nosso louvor. Estamos sendo entalhados e refinados por meio de nosso canto, assim como por todos os aspectos de nossas vidas. Ao cantarmos juntos, somos forjados juntos.

De muitas formas, a palavra chave da última sentença não trata de música, nem mesmo de cantar, mas de *juntos*. Vivemos numa época em que a importância da música na igreja foi grandemente elevada (no mínimo porque tem se tornado comercialmente lucrativa). Mas, ao mesmo tempo, corremos o perigo de reduzir a importância de se cantar *juntos*. Escutar

---

1 Thomas A. Schafer, ed., *The Works of Jonathan Edwards, The "Miscellanies," a-500* (New Haven, CT: Yale University Press, 1994), Miscellanies 188.

um ao outro, murmurando quietinhos, enquanto uma banda toca de maneira brilhante em um palco no prédio de uma igreja não é o mesmo que cantar juntos como congregação. A igreja medieval cometeu o erro de tratar a ceia do Senhor como algo que a congregação assistia, enquanto os profissionais à frente participavam. Será que não estamos correndo perigo de fazer o mesmo com nossa música hoje?

Tantas das instruções dadas ao povo de Deus devem ser trabalhadas em comunidade, *juntos*. O forte canto congregacional vindo do coração é uma expressão marcante disto, do Espírito Santo operando em nosso meio, por nosso intermédio, enquanto cantamos sobre as coisas que compartilhamos como povo de Cristo.

Assim, quando você canta, olhe em sua volta. Encoraje os outros com aquilo que você está cantando, e espere ser encorajado pelo fato de outras pessoas estarem cantando com e para você. Todas as nossas histórias individuais se encontram no cruzamento do culto de adoração e louvor. Somos lembrados que não estamos sós — somos membros de uma família multigeracional, multiétnica, multi*tudo*. Somos lembrados que não somos autossuficientes, pois precisamos de um Salvador. Somos lembrados que não precisamos nos desesperar, pois temos em nós o seu Espírito. Somos lembrados que não somos o centro do universo, mas apenas uma voz e um coração, entre a grande multidão por todo o mundo de pessoas que louvam aquele que é esse centro. Lembramo-nos de tudo isso quando cantamos *juntos*.

Existe uma família que Kristyn conhece desde menina. A mãe tem estado há décadas em uma cadeira de rodas, resultado de sofrer de esclerose múltipla. Quando pedem a congregação para ficar de pé para cantar, muitas vezes ela dá a mão para seu marido para expressar, através deste gesto, o seu desejo de ficar de pé com os irmãos. Que nossa abordagem seja semelhante à dela — que espiritualmente, mesmo quando não o podemos fazer fisicamente, estejamos cantando em pé juntos, sobre um firme fundamento:

> Da Igreja o fundamento
> É Jesus Cristo, seu Senhor;
> Ela é a sua nova criação
> Pela água e pela Palavra;
> Do céu Ele vem e a busca
> Para ser sua noiva santa;
> Com seu próprio sangue,
> Ele a comprou,
> E para lhe dar vida, Ele morreu.
> Samuel Johnstone, "The Church's One Foundation", 1866

NINGUÉM É UMA ILHA

Nada dilui o cântico congregacional e solapa mais depressa a nossa unidade do que esquecer a verdade que não somos ilhas. Hoje em dia, existe um inquietante número de cristãos que se afasta do hábito de se reunir semanalmente com outros crentes em uma igreja local. Isso é resultado de ver a fé como algo individual e apenas pessoal, entre eu e Deus, mesmo que simplesmente a igreja exista para mostrar o contrário. Isso leva pessoas a deixarem suas igrejas porque "não estão recebendo nada dela". É claro que você deve se beneficiar pessoalmente da igreja local — mas só nos beneficiamos da igreja quando servimos a igreja. Com maior frequência, esse sentimento tenta veladamente disfarçar uma desculpa para evitar o custo do compromisso para com a comunidade. Jamais deveríamos estar na igreja mera ou primariamente pelo que conseguimos obter dela, mas pelo que damos a ela. A ideia de "eu" não pode ser entendida corretamente, se não entendermos a ideia de "nós", de juntos fazermos parte da igreja.

Pense nas igrejas para as quais Paulo escrevia nas décadas após a ascensão de Cristo. Cada uma era uma coleção eclética de gostos, experiências e origens. Continham tantas pessoas cultas quanto as que não tinham nenhuma escolaridade, aqueles com muito nos bolsos e os que lutavam para sobreviver. Vinham de uma variedade de origens religiosas e culturais, com muitas resultantes tensões. Eram suscetíveis aos terríveis ventos do falso ensino, expostos às ondas de perseguição que começavam a assolar o Império Romano. Eles não tinham nada em comum, exceto que tinham em comum tudo que era importante: a fé em Cristo, que os uniu por seu Espírito. Paulo disse a eles que um sinal disso seria visto em seu canto congregacional:

> ...enchei-vos do Espírito, falando entre vós com salmos, entoando e louvando de coração ao Senhor com hinos e cânticos espirituais, dando sempre graças por tudo a nosso Deus e Pai, em nome de nosso Senhor Jesus Cristo.
> Efésios 5.18-20

Os seus hinos eram os mastros das bandeiras ao redor das quais eles podiam se unir. É exatamente o mesmo hoje em dia. Esperamos que a sua igreja inclua membros muito diferentes de você — que tenham gostos musicais muito diferentes do seu. Cantar como um corpo unido em igreja nos lembra que não somos definidos pelo individualismo descarado, promovido pela sociedade moderna. "Preservar a unidade do Espírito" (Ef 4.3) era algo difícil de fazer no primeiro século, e exigia "todo esforço" de cada membro da igreja; Isto continua sendo difícil hoje; exige nosso esforço e encontra sua expressão e inspiração no canto alimentado e fortalecido pelo evangelho na igreja. Todos nós compartilhamos a responsabilidade de cantar juntos. O nosso cantar (até mesmo quando alegremente desafinado) sempre deve, sem desculpas, contribuir para nosso senso de família e comunidade, e nunca ser apressado, murmurado, ou entregue apenas aos "profissionais".

Assim, quando você é chamado a cantar com sua igreja, pare por um momento de tomar seu café, guarde o celular, olhe em sua volta e escute as pessoas que estão em pé ao seu redor. Você não é filho único. Esta é sua família. Você e essas pessoas que o cercam são pedaços eternos em meio a este mundo que desvanece. Você foi chamado a servi-los cantando com e para eles.

Quando olhamos desta forma o nosso canto na congregação, teremos prazer em abrir mão de nossas preferências pessoais quanto ao estilo de música, os instrumentos usados, e assim por diante. Claro que encontraremos alguns hinos e arranjos que são mais do nosso próprio gosto, mas existe algo maior e muito mais empolgante que acontece aqui. Não veja o cantar com a igreja como oportunidade de cantar conforme canta a cultura em que você vive, ou como uma época passada que você queira reviver — venha cantar dando voz ao som sem tempo, sem limites, da voz congregacional que canta para aquele que é eternamente digno de nosso louvor.

Cante!... com a igreja local!

CANTAR E RECUPERAR A GERAÇÃO *MILLENNIAL*

A maioria das igrejas está dolorosa e pessoalmente consciente da perda significativa que a igreja sofre, pelo afastamento daqueles que estão entre o fim da adolescência e um pouco mais de vinte anos; muitas vezes eles abandonam completamente a fé cristã. David Kinnaman, presidente da companhia de pesquisas do grupo Barna, escreve em seu livro *You Lost Me (Você me perdeu)*: "As idades entre dezoito e vinte e nove anos são o buraco negro da frequência à igreja".[2]

Entender os motivos disto é uma questão complexa com muitas respostas, mas, regularmente, temos indagado que parte a nossa abordagem à música na igreja tem desempenhado nessa situação — e isso, não na direção que podíamos imaginar. Pode ser que pareça óbvio que para atrair a geração *millennial* de volta para a igreja seja necessária uma atmosfera mais de show ou concerto no nosso cantar, em vez de abordagem mais congregacional. Afinal de contas, é isso que eles esperam fora da igreja.

Nós queremos sugerir que nossas igrejas precisam *fazer exatamente o oposto disso*. Lá no capítulo 2, destacamos três aspectos de sermos criados à imagem de Deus que é exibido quando cantamos juntos — criatividade, comunicação e comunidade. É isto que os *millennials* (até mesmo todos nós) procuram...

Criatividade. Pessoas criativas sabem que a simplicidade frequentemente é a mais alta forma de criatividade. Olhe em sua volta para o *design* de tudo, desde os produtos da Apple até

---
2 David Kinnaman, *You Lost Me: Why Young Christians Are Leaving Church ... and Rethinking Faith* (Grand Rapids, MI: Baker Books, 2011), 22.

CANTE!

carros. Visto que o padrão de produção e uso da tecnologia serem extremamente altos em muito do que digerimos fora dos cultos na igreja, é muitas vezes a coisa mais simples, bem elaborada e com sinceridade, na igreja, que causará a impressão mais significativa. Uma melodia impressionante com letras claras e comoventes, cantada com entusiasmo e autenticidade por uma congregação, será uma declaração mais poderosa do que uma canção que seja difícil de tocar ou aquela que a congregação fique sem jeito de cantar. Gordon Ramsay, talvez o mais famoso *chef* de cozinha do Reino Unido, é famoso por ressuscitar um restaurante que está falindo, eliminando um cardápio comprido demais, exageradamente ambicioso e sem foco, e passando a enfocar meia dúzia de refeições que eles conseguem cozinhar bem. Uma abordagem similar ao cântico na igreja poderá ser bem-vinda, não somente para os músicos, como também para aqueles que procuram simplicidade e autenticidade criativas.

Comunicação. Estamos comunicando fé profunda por meio do que cantamos e como o cantamos, ou apenas divertindo adolescentes com algo que não os sustente quando chegarem à faculdade ou saírem para trabalhar? Kinnaman escreve: "Sem um caminho claro para seguir o verdadeiro evangelho, milhões de jovens crentes olharão em retrospectiva para os seus vinte e poucos anos como uma série de oportunidades perdidas no que diz respeito a Cristo".[3] Cânticos biblicamente ricos de conteúdo, cantados por pessoas que parecem sentir o que dizem, ajudam a ensinar o evangelho como algo em que se pode crer, poderoso, em vez de apenas cultural e opcional.

---
3 Ibid., 28.

Comunidade. Kinnaman pergunta: "Pode a igreja redescobrir o poder intergeracional da assembleia dos santos?"[4] Vivemos numa era cada vez mais fragmentada, em que a mídia social cria nichos em que se vive sem jamais ouvir ou pensar na perspectiva de qualquer um mais velho que nós, mais jovem que nós, diferente de nós, ou que discorde de nós. Estamos mais conectados que nunca, e somos mais solitários que nunca. Tristemente, nossas igrejas com frequência não são tão diferentes disso. Somos levados às pressas do berçário para a sala de crianças de um a dois anos, e, logo, para a reunião no departamento infantil, e, depois ao ministério de jovens e adolescentes, a uma igreja cheia de estudantes de faculdade, e assim por diante. Uma igreja que canta juntos — geração após geração, lado a lado, que coloca a união da comunidade acima das preferências pessoais — faz uma declaração poderosa e atraente aos que anseiam por uma comunidade mais autêntica do que aquela desfrutada na rede, e amizade muito mais profunda do que aquela encontrada nos amigos de *Facebook*.

CANTAR DÁ FORMA A NOSSO LEGADO

Antoni Gaudí, grande arquiteto espanhol, colocou a primeira pedra de sua catedral da Sagrada Família em Barcelona, na Espanha, em 1882. Deve ser completada até 2026, ponto em que a construção terá levado *144 anos* para ser acabada. Gaudí morreu há muito tempo sem ver sua obra completada, e muitos outros têm acrescentado sua perícia ao gênio dele. Mas a sua catedral permanecerá de pé como legado que perdura. Ele deixou algo belíssimo.

Nossa geração do povo de Deus deixará os nossos cânticos.

---

4 Ibid., 29.

CANTE!

Nossos cânticos lançam luz depois que nós passamos. Cada um de nós tem uma responsabilidade no legado de cânticos que deixamos para trás. Devemos cantar tendo em mente aqueles mais jovens que nós que nos escutam e aprendem de nós. Alguém tirou tempo para compartilhar os hinos da fé conosco e nós devemos ser fiéis ao fazer o mesmo para outros. Toda nova geração precisa de seus cânticos para o momento, mas também procuramos cânticos que valem a pena guardar, que possam nos levar por todos os nossos momentos, ligando os pedaços de nossa vida no ritmo firme que marca os curtos anos de vida que nos foram dados.

Como cantamos, o que cantamos, o que guardamos, e o que deixamos de cantar formam a fé que entregamos à próxima geração, bem como a herança musical que eles receberão. Que não esteja sob nossa responsabilidade o bom canto congregacional ser deixado de lado, ou que não vigiemos com cuidado aquilo que cantamos.

QUE ESPÉCIE DE IGREJA?

Toda vez que você canta, está expressando algo sobre o tipo de igreja que você deseja ser, e que espécie de membro de igreja você vai ser.

Quando éramos um jovem casal recém-casados, acabando de "descer do barco" da Irlanda, fomos convidados por um amigo para cantar em uma igreja pentecostal, em Cambridge, nos arredores de Boston, Massachusetts. Foi o tipo de experiência que sempre sonhávamos. Uma pequena congregação na Nova Inglaterra, um pregador cheio de energia, muitas respostas das pessoas, incríveis harmonias do evangelho cantado, uma banda maravilhosa. Cantamos "O Poder da Cruz".

> Este é o poder da cruz:
> Cristo tornou-se pecado por nós
> Levou a culpa, sofreu a ira
> Nós estamos perdoados nesta cruz.[5]

Quando terminamos, o líder do louvor veio à frente e cantou novamente o coro, e algumas pessoas vieram à frente para aceitar a Cristo. Em seguida, o pastor veio à frente, falou mais um pouco, e cantou de novo o coro. Depois a congregação cantou mais um coro. Jamais nos esqueceremos disso. A paixão. A comunidade. A alegria comum do evangelho expressa de maneiras diferentes, com sotaques diferentes e expressões diferentes da nossa própria comunidade. Este é o poder da cruz sendo expresso pelo poder do cântico congregacional.

Ano passado, visitamos uma bela catedral no meio da Irlanda. Fica no centro da cidade e está ali há séculos. Mas as paredes que ecoaram tantos cantos congregacionais, hoje estão cheias de música de eventos culturais e de levantamento de recursos para a manutenção do prédio. Ainda há música, e pode ser música de alta qualidade, agradável para se ouvir. Mas não é mais o canto congregacional cristão. Isso é uma tragédia.

A que igreja você deseja que a sua se assemelhe daqui a um século? Nem todas as igrejas que cantam são igrejas saudáveis, mas todas as igrejas saudáveis são igrejas que cantam. Jill Briscoe certa vez falou-nos de uma igreja que visitou no Extremo Oriente, onde os crentes sussurram juntos seus cânticos devido ao contexto perigoso em que vivem, mas ainda cantam, por ser isto indispensável à fé e a comunidade. Em que direção o seu canto no domingo levará a sua igreja?

---

5   Keith Getty and Stuart Townend, "The Power of the Cross," © 2005 Thankyou Music (PRS) (adm. worldwide at CapitolCMGPublishing.com excl. Europe which is adm. By Integritymusic.com).

CANTE!

LEVANTA, Ó IGREJA

Em 2005, inspirado por Efésios 6.10-20 e Martinho Lutero, Keith e Stuart Townend escreveram o hino "Ó Igreja, levanta":

> Vem Espírito, enche de força em cada passo
> Dê graça para cada luta
> Para que corramos com fé rumo ao prêmio
> Do servo bom e fiel.
> Enquanto os santos de outrora ainda estão no caminho
> *Recontando o triunfo da sua graça*
> *Ouvimos seu chamado e ansiamos pelo dia*
> *Quando, com Cristo, estaremos em glória.*[6]

Certa vez, Lutero disse: "A música é dom e graça de Deus, não uma invenção dos homens. Assim, ela espanta o diabo e torna as pessoas alegres... O diabo, que deu origem às tristes ansiedades e problemas inquietantes, foge ante o som da música quase tanto quanto ante a Palavra de Deus".[7] Cantar a Palavra de Deus ajuda a nos revestirmos da armadura espiritual. Ajuda a apertar com firmeza o cinto da verdade e a couraça da justiça sobre nosso peito; prepara nossos pés para trazer o evangelho da paz, fortalece nossos músculos para erguer o escudo da fé e a espada do Espírito em nossas mãos, firmando o capacete da salvação sobre nossa cabeça.

Nossas igrejas são chamadas para serem fortalecidas "no

---

[6] Keith Getty and Stuart Townend, "O Church Arise (Arise, Shine)," © Copyright 2016 Getty Music Publishing (BMI) (Admin. by Music Services, www.musicservices.org/Thankyoumusic (PRS)/ Worship Together Music (BMI)/Sixsteps Songs (BMI)/S.D.G.Publishing (BMI) (Admin. at Capitolcmgpublishing.com.
[7] Kenneth W. Osbeck, *101 Hymn Stories* (Grand Rapids, MI: Kregel Publications, 1982), 14.

Cante!... com a igreja local!

Senhor e na força do seu poder" (Ef 6.10). Não somos um povo que corre para um local escondido para tratar das feridas de termos sido vencidos. Somos uma cidade sobre o monte, estrelas que brilham sobre um mundo escuro, um povo de vitória e alegria, transbordando com a poderosa presença do Espírito Santo, que serve ao Salvador que reinará para sempre. Quando cantamos, é um cântico de batalha, de esperança para os feridos, os cansados, os perdidos. Cantem de Jesus. Cantem sobre seu Senhor e Salvador e melhor Amigo. Cante, porque você é forte. Cantem a igreja forte. Apareçam e cantem com poder.

PERGUNTAS PARA DISCUTIR

1. Como podemos servir uns aos outros na igreja no que diz respeito a nossas preferências no cântico congregacional?
2. Como você se prepara para o culto na igreja aos domingos? No sábado à noite? Durante a semana?
3. De que maneiras você poderá responder quando a sua igreja canta algumas músicas em estilo que você pessoalmente não gosta ou não encontra qualquer engajamento?
4. Quais alguns meios que a sua igreja encoraja a música como experiência de comunidade? Há maneiras em que você pode dar suporte, encorajar e modelar o canto na igreja como ação comunitária focada em Deus?
5. A visão de Martinho Lutero para o cantar da igreja era de encorajar os cristãos, enquanto estes lutavam suas batalhas espirituais. Quanto do cântico de nossa igreja hoje nos prepara para a batalha espiritual?

CAPÍTULO 7

O TESTEMUNHO RADICAL QUANDO AS CONGREGAÇÕES... CANTAM!

> *Salmodiai a glória do seu nome,*
> *dai glória ao seu louvor.*
> Salmos 66.2

A adoração gloriosa é exuberante e jamais de coração dobre.
É atraente, não repulsiva. É maravilhosamente impressionante,
nunca sentimental. É brilhante, jamais relaxada.
Aponta para Deus, não para os palestrantes...
Nada há mais evangelístico, nada mais que ganhe o mundo,
do que a adoração gloriosa.
The Songs of Jesus (Os cânticos de Jesus)
Tim Keller, devocional do Salmo de 22 de maio

Em 1925, um ano depois de ganhar a medalha de ouro nas Olimpíadas na corrida de 400 metros, o herói escocês,

CANTE!

Eric Liddell, chocou a muitos quando decidiu voltar para a China, o lugar onde nasceu, como missionário. Em pé na plataforma da Estação Waverly, em Edimburgo, as multidões se ajuntaram para fazer sua despedida. Pediram que ele dissesse algumas palavras. Em vez disso, ele dirigiu a multidão no canto de um antigo hino de Isaac Watts, a fim de comunicar mais memoravelmente a razão pela qual ele deixava a fama e a vida tranquila, para pregar sobre Cristo em uma terra distante; e, enchendo o próprio coração com conforto e confiança, cantou:

> Cristo Jesus há de sempre reinar onde o sol
> Faz suas sucessivas jornadas.
> Seu reino se estende de costa a costa.
> Até sol e lua não mais existirem.

Todos nós cantamos de uma esperança para todos os povos; uma esperança que precisamos compartilhar. Na parede de um estúdio na sede da Rádio Moody, existe uma placa que diz: "O seu cântico pode ser usado para salvar uma alma. Cante com oração". Lembramos disso repetidas vezes quando, há alguns anos, preparávamos hinos e cânticos para um programa de rádio em memória de Onze de Setembro. Mas estas linhas não são verdadeiras apenas para um solista ou em ocasião especial. São verdade para tudo que cantamos.

CANTAR JUNTOS É SEMPRE UM TESTEMUNHO

Nossas igrejas não são apenas lugares onde nos equipamos e somos exortados a testemunhar ao nosso próximo que não conhece a Cristo. Nossas igrejas são lugares que em si mesmas, dão testemunho. Como diz o evangelista britânico Rico Tice:

O testemunho radical quando as congregações... cantam!

> Não é somente o cristão individualmente que tem de deixar sua luz brilhar, como estreito feixe de luz na palavra; cada igreja local deve ser farol: um grande e largo feixe de luz do evangelho, que ilumina as trevas ao redor.[1]

Quando cantamos, testemunhamos às pessoas de nossa igreja que ainda não se converteram — o cônjuge ainda não salvo, o adolescente cínico, o amigo intrigado. Testemunhamos ao estranho que entrou na igreja, e mesmo, pelo som que fazemos, ao que passa do lado de fora da igreja. A visão e o som de uma congregação cantando louvores a Deus juntos é um testemunho radical, em meio a uma cultura que rejeita a Deus e abraça o individualismo. Nosso cântico é a manifestação pública daquilo que cremos.

Em Mateus 18.20, Jesus diz: "Porque, onde estiverem dois ou três reunidos em meu nome, ali estou no meio deles". Os números que ele usa não são acidentais. Em Israel do Antigo Testamento, precisava de "duas ou três testemunhas" no tribunal para testificar em seu favor em um caso legal (Dt 19.15). Cantar juntos dá impactante testemunho à verdade. Diz aos observadores e ouvintes que, do mesmo modo que cantamos juntos uma mesma melodia, compartilhamos a mesma fé, *a* Fé; não um credo autocriado para uma jornada solo em direção ao nada, mas um compromisso com o único Senhor de todos, que transforma a vida que juntos vivemos, e nos levará para casa, na eternidade.

Também testemunhamos o esforço que colocamos em nosso cantar. Temos visitado muitas igrejas que agendam horas de ensaio das músicas que conhecem, bem como para

---

1 Rico Tice, *Honest Evangelism* (England, UK: The Good Book Company, 2015), 83.

aprender músicas novas. Geralmente, as pessoas têm ouvidos para ouvir aquilo que foi feito bem, e isso ajuda a amolecer o coração da pessoa para a verdade. Um antigo *spiritual* afro-americano inclui este maravilhoso verso:

> Se você não consegue pregar como Pedro,
> Se não pode orar como Paulo,
> Você pode contar do amor de Jesus,
> E dizer que "Ele morreu por todos".
> "There Is a Balm in Gilead"

Você também pode *cantar* isso. Pode cantar a respeito da única esperança para o mundo, e demonstrar, no modo como canta, que você sabe que é esta a única esperança para este mundo. O seu cantar sempre é testemunho. A questão é se o testemunho é bom ou mau?

TESTEMUNHO PODEROSO

O povo de Deus sempre testemunhou a verdade por meio dos seus cânticos. No Antigo Testamento, a fé dos israelitas era ouvida claramente por seus hinos. Muitas das letras de seu hinário, os Salmos, mostravam que outras nações os escutavam cantar, e também eram chamadas a louvar a Deus. O Salmo 117 diz:

> Louvai ao Senhor, vós todos os gentios,
> louvai-o, todos os povos.
> Porque mui grande é a sua misericórdia para conosco,
> e a fidelidade do Senhor subsiste para sempre. Aleluia!

Diante desta herança, não deve nos surpreender o descobrir a primeira igreja do Novo Testamento fazendo o mesmo:

O testemunho radical quando as congregações... cantam!

> Diariamente perseveravam unânimes no templo, partiam pão de casa em casa e tomavam as suas refeições com alegria e singeleza de coração, louvando a Deus e contando com a simpatia de todo o povo. Enquanto isso, acrescentava-lhes o Senhor, dia a dia, os que iam sendo salvos.
> Atos 2.46-47

O culto congregacional, em seus atos, nas suas orações e em seu louvor era um testemunho dinâmico. Conforme Paulo colocou para a igreja de Colossos, uma igreja deve sempre portar-se "com sabedoria para com os que são de fora"; e aproveitar "as oportunidades" (Cl 4.5). Toda "oportunidade" inclui cada vez que uma congregação se levanta para cantar.

Desde a alvorada da igreja, os tempos de grande renovação e avivamento na igreja têm sido acompanhados por (e podemos dizer, estimulados por) igrejas que cantam. Conforme já vimos, Lutero e os Reformadores inspiraram e capacitaram as suas congregações a cantarem juntas em sua própria língua, com palavras que eles e o povo ao redor podiam entender. Isso foi revolucionário.

Por toda a história dos movimentos avivalistas britânicos e norte-americanos (por exemplo, os de John e Charles Wesley, D. L. Moody e Ira Sankey), o cântico congregacional tem sido marca registrada e poderoso testemunho. Considere as cruzadas evangelísticas de Billy Graham. Embora frequentemente fossem criticados por isso, o Dr. Graham e seus colegas incluíam os cânticos congregacionais em cada evento, para que todos ali, juntos, pudessem cantar, eles mesmos, a mensagem cristã, e não apenas escutá-la. Cliff Barrows, o diretor de música, disse: "A fé cristã é uma fé que canta, e boa maneira de expressá-la e compartilhá-la com o próximo é por meio do canto em comunidade".

Existe algo singular no canto congregacional que é convidativo como também instrutivo para as pessoas. Vemos isso ainda hoje na época de Natal. Muitas pessoas que ainda não creram visitam nossas igrejas em dezembro, e cantam junto conosco algumas das melhores e mais verdadeiras poesias escritas. Muitos de nós levamos estes hinos de Natal para as nossas comunidades, comunicando o evangelho em escolas, *shopping centers*, hospitais, e em inúmeras outras festas locais.

CANTANDO O EVANGELHO

"In Christ Alone" (Só em Jesus) foi o primeiro lançamento de Keith, nos idos de 2001, escrito em co-autoria com Stuart Townend. Isso surgiu primeiro pela empolgação de escrever hinos que ajudassem os cristãos do século XXI a cantar, conhecer, e assumir as verdades maravilhosas do Senhor em linguagem nova; segundo, por uma frustração com a superficialidade dos cânticos que estavam sendo cantados em muitas igrejas (neste sentido, esta foi uma espécie de música de "protesto"). Visualizamos um hino que contasse toda a incrível história do evangelho, e resolvemos dar o título "Só em Jesus". Keith escreveu a maior parte da música, e Stuart escreveu a maior parte (genial) da letra.

Nenhum de nós esperava, de maneira alguma, que esta música seria tão bem recebida pela igreja como foi, e é. Nenhum de nós sonhava que começaríamos a ouvir como estava sendo usada como um cântico evangelístico, explicando o evangelho em eventos onde muitos descrentes estariam assistindo, incluindo casamentos, funerais e inaugurações. Temos recebido inúmeras cartas e e-mails de soldados no campo de batalha, de estudantes em universidades seculares, de missionários longe de suas famílias, e de pais e mães cantando ao lado do leito de um filho em estado terminal, enquanto a equipe médica escutava; são cartas e e-mails nos contando como a mensagem de Cristo foi proclamada por meio desse hino. Na semana passada, alguém nos falou como um de seus amigos tinha sido "meio convertido" ao cantá-la em um acampamento de verão para adolescentes.

O ponto é este: ser vago e apresentar um evangelho raso nos cânticos congregacionais não é o modo de ser um amigo solícito aos *amigos do evangelho*. Comunicar o evangelho de forma a informar a mente e envolver as emoções é ser um amigo solícito. O evangelho é a distinção poética central da igreja. Não podemos ser tímidos quanto a isso. Quando você ficar de pé para cantar em sua igreja, neste domingo, você não saberá quem está escutando, e jamais poderá imaginar o que o Senhor pode estar fazendo.

UM TESTEMUNHO NOCIVO

Nossas meninas gostam de cantar uma música sobre limpar o quarto, quando pedimos que guardem seus brinquedos ou materiais de colorir. Muitas vezes isso parece ajudar no processo de colocar em ordem as coisas. Mas acontece, uma vez ou outra, que uma delas canta animada sem levantar sequer um dedo para guardar os brinquedos, como se cantar a *musiquinha*, em vez de fazer o que ela diz, fosse o que valesse. Nenhum de nós quer admitir que nossos *genes* são culpados por isso...

Existe o mesmo perigo no que cantamos na igreja. Temos de realmente crer e viver as verdades que cantamos; senão, o que cantamos será hipocrisia, e isso não só não atrai como também causa repulsa aos não crentes — isso os desliga. É fácil cantar sobre o senhorio de Cristo; muito mais difícil e viver sob ele.

Em Deuteronômio, Deus disse a Moisés algo notável: "Escrevei para vós outros este cântico e ensinai-o aos filhos de Israel; ponde-o na sua boca, para que *este cântico me seja por testemunha contra os filhos de Israel*" (31.19, nosso itálico). Algumas das palavras mais ferozes de Jesus foram reservadas para gente religiosa que "honra-me com os lábios, mas o seu coração está longe de mim. E em vão me adoram, ensinando doutrinas que são preceitos de homens..." (Mc 7.6-7). Tenha cuidado para que aquilo que você canta não exiba hipocrisia, e quando este for o caso, arrependa-se e busque a ajuda de Deus para mudar, e cante as grandes verdades do evangelho de perdão e restauração com todo sentimento no coração.

A vida hipócrita prejudica nosso testemunho, e assim também acontece com o canto desanimado e sem sentimento. Lembramos de uma conversa desconfortável que tivemos com uma amiga que ainda não é crente. Ela havia ouvido uma congregação cantando em um culto. Vendo como as músicas eram cantadas, ela perguntou se as pessoas ali levavam a sério aquilo que criam. Ela disse que tinha se perguntado a mesma coisa muitas vezes antes em outras igrejas que visitara. Tragicamente, o jeito que ela viu cristãos cantando sugeriu que o que cantavam não era verdade, ou não era maravilhoso, ou ambas as coisas. Se ela estivesse de pé ao seu lado no próximo domingo, o que ela pensaria do *seu* testemunho?

ENFRENTANDO UMA TAREFA INACABADA

Os hinos que entoamos juntos não só nos ajudam em nossa missão, como também nos chamam à missão e nos sustentam no campo missionário, quer isso seja onde nós crescemos quer a milhares de quilômetros de distância. Em seu livro *Radical*, David Platt escreve: "Não posso deixar de pensar que, em algum lugar neste caminho, nós perdemos o que é radical quanto a nossa fé e o substituímos por algo que é confortável".[2] As palavras que cantamos devem incluir pensamentos que nos estimulem à ação e nos desafiem ao chamado de Cristo sobre nossa vida.

Frank Houghton, antigamente bispo da área de Szechuan Oriental da China e diretor da China Inland Mission (hoje OMF), entendia como um hino podia motivar as pessoas a compaixão pelos perdidos e impelir os corações a irem aos campos missionários. Passando por um tempo muito difícil de perseguição aos crentes na China, ele escreveu um hino sobre missões, nos anos de 1930s, de nome "Enfrentando uma Tarefa Inacabada". Foi cantado primeiro em uma reunião de oração em favor de missões — e inspirou mais de duzentos missionários a irem para enfrentar esta tarefa na China. Os esforços daqueles missionários, junto com muitos outros, ajudaram no crescimento do que eram menos de um milhão de crentes na China para o que a OMF hoje estima como sendo bem mais de cem milhões. É impressionante que este mesmo hino (com o novo estribilho "Vamos ao Mundo Inteiro") hoje é cantado por crentes chineses, apaixonados por compartilhar sua fé

---

2 David Platt, *Radical* (Colorado Springs, CO: Multnomah, 2010), 7.

CANTE!

com os filhos e netos dos crentes do Ocidente, que antes compartilharam com eles a sua vida, com tanto sacrifício.[3]

Nosso cantar não é apenas nos juntarmos à própria família. As portas estão abertas, há muito lugar à mesa, e comida mais que suficiente para todo que estiver com fome. "Deus abençoa seu povo com graça extravagante, para que possam estender sua extravagante glória a todas as pessoas sobre a terra",[4] David Platt escreve. O seu cantar no domingo vai testemunhar sobre o Salvador do mundo e alimentará o seu testemunho durante a semana sobre este mesmo Salvador do mundo. Se este capítulo ainda não o convenceu a cantar o evangelho como parte do modo como deve compartilhar o evangelho, as palavras do hino de Frank Houghton certamente o farão:

> Enfrentando uma tarefa inacabada
> Que nos leva a ajoelhar,
> Uma necessidade que, não diminuta,
> Repreenda nossa tranquilidade indolente.
> Nós, que nos alegramos em te conhecer,
> Renovamos perante teu trono
> Voto solene que a ti devemos
> De ir, fazer-te conhecido
> Onde outros senhores além de ti
> Prendem sem impedimentos,

---

[3] Fenggang Yang, "When Will China Become the World's Largest Christian Country?" *Slate*. Essay from "What Is the Future of Religion?" Accessed June 9, 2017, http://www.slate.com/bigideas/what-is-the-future-of-religion/essays-and-opinions/fenggang-yang-opinion.

[4] [4] Keith Getty, Kristyn Getty, and Stuart Townend, "Come, People of the Risen King," Copyright (c) 2001 Thankyou Music (PRS) (adm. worldwide at CapitolCMGPublishing.com excl. Europe which is adm. by Integritymusic.com).

O testemunho radical quando as congregações... cantam!

Onde forças que se opõem a ti
Mesmo hoje negam a ti
Sem que ouçam o seu clamor
Por vida, e amor, e luz.
Almas sem conta estão à morte
E passam para a noite.

Vamos a todo o mundo
Com a bandeira da esperança do Reino.
Nenhum outro nome há com poder para salvar
Senão Jesus Cristo, o Senhor.

Portamos a tocha que inflamada
Caiu das mãos daqueles
Que deram suas vidas proclamando
Que Jesus morreu e ressurgiu.
Nossa é a mesma comissão,
Nossa é a mesma feliz mensagem
Acesa pela mesma ambição.
A ti entregamos nossos poderes

Ó Pai, que os susteve.
Ó Espírito, que os inspirou,
Salvador, cujo amor os constrangeu
A trabalhar com zelo incansável.
Defende-nos da covardia
Desperta-nos da letargia!
Adiante, às tuas ordens nos envia
A trabalhar por teu amor.
Frank Houghton, "Facing a Task Unfinished", 1931

CANTE!

PERGUNTAS PARA DISCUTIR

1. Se eu visitasse a sua igreja e não conhecesse nada do evangelho, o que é que a música da igreja (seleções, apresentação, envolvimento da congregação) transmitiria a mim sobre a sua fé e seu entendimento do evangelho?
2. Como a música de sua igreja está conectada aos jovens e crianças que estão em seu meio?
3. À luz da exortação de Paulo à igreja primitiva de estar conscientes de que enquanto adoramos os descrentes estão observando, você está disposto a abrir mão de suas preferências pessoais para que os cânticos de sua igreja sejam testemunho aos descrentes?
4. Enchemos nossas vidas com canções que nos encorajam com uma causa ou missão, bem como à Grande Comissão? Por exemplo, quando lemos o texto de "Enfrentando uma Tarefa Inacabada", como isso pode formar nossas prioridades e paixões?

POSLÚDIO

VOCÊ QUER CANTAR?

Evan Roberts foi um dos pregadores do Avivamento de Gales, no início do século XX. Ele acreditava na grande importância de cantar no avivamento espiritual, bem como na vida cristã. Certa vez, quando alguém de Londres perguntou-lhe se ele achava que o avivamento chegaria à capital britânica, Roberts sorriu e perguntou: "Vocês podem cantar?"

Amamos essa pergunta. Mas, mesmo sendo uma questão tão fácil, é nocivamente mal compreendida. Não é perguntar: "Você consegue manter a melodia sem desafinar?" "Você entende de harmonias?" "Você tem um bom timbre?" Roberts não queria dizer isso. O que queria, ao fazer essa pergunta, era dizer: "Vocês estão dispostos a cantar?"

Queremos fazer a mesma pergunta a você: Você quer cantar?

Este é um tempo de muito entusiasmo para ser cristão. O falecido John Stott tinha uma visão convincente e urgente para a igreja do século XXI. Ele inspirou muitas gerações de crentes, ajudando-nos a ver que este é um tempo muito animador para ser cristão. Existem mais cristãos no mundo que nunca antes. A Bíblia pode ser lida em mais línguas que em qualquer era anterior. A revolução da internet significa que as igrejas estão mais conectadas que nunca, e que os campos missionários estão mais próximos de nosso alcance do que jamais estiveram.

CANTE!

Porém, ser cristão é também um tempo de grandes desafios. No Ocidente, há maior oposição à ética cristã e ao evangelho que dá base a essa ética do que há séculos. Existe mais igrejas fracas e moribundas do que há séculos. A revolução da internet significa que os cristãos estão mais expostos às heresias que nunca antes, e as tentações estão mais próximas que nunca de nosso alcance.

Tomando emprestado de Charles Dickens, este é o melhor dos tempos, e é o pior dos tempos. Assim também, a necessidade de os crentes segurarem com firmeza e lealdade a verdadeira fé cristã e compartilhá-la com convicção, coragem e compaixão nunca foi tão essencial.

Isto significa que é vital cantarmos juntos. As canções que cantamos são cordas de vida que nos trazem de volta ao coração do Rei a quem servimos, e às prioridades do reino do qual fazemos parte. Os cânticos que cantamos a nós mesmos são a corda que nos amarra ao Senhor dia após dia. Os cânticos que cantamos aos outros são aquilo que proclama a manifestação do reino de Deus de modo a alcançar fundo a mente e o coração deles.

Este livro que você acaba de ler (a não ser que tenha pulado direto para o Pósludio!), tem um objetivo muito simples: que você cante a verdade, e a cante como sendo a verdade. Quando se levantar a cada dia, e ao passar por seu dia todo, oramos para que as letras e as melodias da fé ressoem pelos espaços em que você vive a sua vida. Ao entrar em sua igreja no próximo domingo, oramos para que você esteja animado a compartilhar do privilégio de erguer sua voz com o povo de Deus, de "cantar e fazer música do coração ao Senhor". Oramos para que você, ao cantar, ex-

Poslúdio: Você quer cantar?

perimente a alegria indizível de saber que está unido ao grande cântico de louvor que ressoa por todas as épocas, que se estende por todo o mundo e em cada centímetro da criação, e que está sendo cantado, agora mesmo, enquanto você lê, nos átrios do céu.

> Ó povo do Celeste Rei, que se alegra em seu louvor,
> Saudai a Estrela da Manhã, ressurreto Redentor.
> Elevai os olhos para o céu e ao Filho contemplai,
> Em glória proclamando a graça de Deus Pai.
>
> Exulta ó alma, exalta o grande Deus,
> A uma voz exulta, ó povo seu!
>
> Ó vinde, a noite se desfaz à luz do amanhecer
> De um novo e eterno dia, nova vida, novo ser.
> Sua promessa é imutável e perfeito seu amor,
> É certa sua presença, incessante seu louvor.
>
> Ó vinde todos, entoai de inteiro coração,
> Que a igreja cante e viva a razão deste louvor
> E o mundo inteiro ouça: Jesus Cristo é Senhor!
>
> Exulta ó alma, exalta o grande Deus,
> A uma voz exulta, ó povo seu!
> (versão em português de Wadislau e Adriana Gomes)[1]

Você quer *cantar*?

---

1 Bob Kauflin, *Worship Matters* (Wheaton, IL: Crossway Books, 2008), 37.

CANTE!

PERGUNTAS PARA DISCUTIR

1. Como o seu entendimento do papel da música no culto cristão tem mudado após ler (e discutir) este livro, no que diz respeito à razão por que cantamos, a nossa maturidade e santidade cristãs pessoal, nossa vida em família, nosso compromisso para o domingo e a igreja, e nossa paixão por missões?

2. Que mudanças você fará pessoalmente para se envolver mais em cantar sua fé?

3. Que mudanças você pode sugerir para sua igreja se envolver mais como comunidade de fé que cante com foco em Deus, centrada no evangelho?

FAIXAS BÔNUS

Em algum ponto no futuro próximo, queremos escrever um livro mais completo, enfocando mais a liderança musical na igreja em todas as suas diferentes áreas. Mas, por enquanto, achamos que seria útil destacar diversas das questões chaves e dar início a como aplicar os princípios delineados neste livro. Estes quatro capítulos extras oferecem algumas ideias práticas para quem tem um papel específico no encorajamento e capacitação do cântico congregacional — se você for pastor, líder de louvor ou se estiver envolvido como músico ou no ministério de louvor, ou mesmo como um compositor.

Somos músicos e compositores irlandeses, educados de forma clássica, primogênitos emotivos (o que explica muito a nosso respeito) na casa dos trinta anos de idade (bem, para ser brutalmente honesto, Keith já está na casa dos quarenta), vivendo nos Estados Unidos, criando três filhas, vindo de um ambiente de igreja amplamente conservador. Assim, o que sai em nossa criação musical é uma mistura de tudo isso. O seu contexto pode ser bastante diferente. Sendo assim, as próximas páginas não contêm listas exaustivas, e também precisarão ser cuidadosamente aplicadas ao contexto da própria igreja local.

CANTE!

Porém, mesmo que esta não seja a sua área, sempre achamos útil considerar todos os diferentes papéis que dão apoio ao canto em nossa igreja. Podemos ter, assim, maior compaixão e compreensão dos esforços um do outro, e oraremos mais em favor daqueles que nos servem enquanto cantamos.

Conhecemos muitos leitores que talvez queiram pular todo o livro para chegar a esses capítulos, aquele que está na área pela qual você se interessa mais (frequentemente, é isso que fazemos com os livros). Mas recomendamos que você dê pelo menos uma olhada rápida nos capítulos 2 a 4, e capítulo 7, para dar melhor estrutura a estas "faixas bônus" mais parecidas com *blogs*.

FAIXA UM

PARA PASTORES E LÍDERES NA IGREJA

Temos uma dívida incalculável de gratidão a Gilbert Lennox, Bob Lockhart, Alan Wilson, Alistair Begg e Jim Thomas (e à esposa de cada um deles), que têm nos pastoreado desde nossa infância até agora, nas cinco cidades diferentes em que vivemos. Eles nos ensinaram, inspiraram, responsabilizaram, oraram por nós, defenderam nosso trabalho, e nos deram o benefício da dúvida mais vezes do que merecíamos. Se você estiver lendo este capítulo e não for pastor, é importante lembrar que não existe lugar no ministério cristão autêntico para qualquer um que não procure honrar, servir, amar e orar por seus líderes (por mais difícil que isso seja para todos nós de personalidades criativas). Uma coisa que aprendemos acima de tudo, ao viajar com nossa música nos últimos dez anos, foi isto: O bom canto congregacional começa com a liderança pastoral.

Qualquer que seja a sua denominação, seu estilo musical, ou sua origem cultural, o cantar é diretamente proporcional ao cuidado pelo assunto da parte do pastor titular ou da equipe de liderança. O correto cantar não vem principalmente da música, ou da liderança musical, ou do orçamento.

CANTE!

Assim como os pais não podem culpar a professora de balé da criança, se ela se comporta mal durante a semana, assim também o líder da igreja, e não o líder de louvor ou a equipe de música, é em última instância responsável por como a congregação canta. Eis uma lista de dez pontos que sugerimos que todo pastor use para averiguar quão bem sua congregação está cantando:

1. MINHA CONGREGAÇÃO CONHECE O MOTIVO PELO QUAL CANTA?

Como o canto congregacional é algo para o qual fomos criados por Deus, ordenados pela Palavra de Deus, e compelidos a realizar pelo evangelho de Deus, você precisa ensinar sobre isso. Em último caso, é sua responsabilidade verificar que este aspecto de nosso culto seja explicado, nutrido e celebrado. Como ele está em uma área em que houve tanta falta de clareza na última geração, as igrejas precisam que seus pastores ensinem clara e positivamente sobre o canto congregacional, como também explicar que cantar não é um exercício de aquecimento, um aquecer-se para o "evento principal" do sermão, nem um meio para criar uma sensação emotiva. Esse ensino pode ser através de uma série de sermões, uma série de estudos para grupos na igreja, ou um documento resumido que os membros da igreja possam ler e guardar. Nós recomendamos os três!

2. NOSSA IGREJA CANTA MÚSICAS FORTES?

Sabemos que as grandes músicas são bem cantadas. Encontre, ou garanta que outros estejam procurando, melodias contagiantes e emotivas, combinadas de maneira artística, nas quais

Faixa um: Para pastores e líderes na igreja

as maravilhas do Senhor são descritas em poesia cantada, de modo que sua igreja simplesmente não consiga esperar a hora de cantá-la. Toda vez que vocês cantarem esse tipo de cântico, a sua congregação crescerá na alegria e no compromisso de cantar juntos. Toda vez que vocês cantarem uma música que não tenha força, o canto da sua congregação enfraquecerá e o entusiasmo das pessoas diminuirá. Ensinar cânticos novos é importante, e eles têm de ser bem ensinados; mas, repetir bons cânticos que as pessoas amam e conhecem há tempos realmente encoraja a confiança.

Se você estiver servindo numa igreja menor que tem dificuldades para cantar, sugerimos simplicidade e profundidade ao construir um pequeno repertório de cânticos cheios da Palavra que a igreja realmente cante bem, e crescer a partir dali. É melhor conhecer menos cânticos e cantá-los bem do que cantar fracamente uma gama mais ampla.

3. FAÇO PARTE DO PROCESSO SEMANAL DE SELEÇÃO DOS CÂNTICOS?

Se você escolhe os cânticos ou se você simplesmente tem uma direção e supervisão, esteja envolvido ativamente no processo, pois é importante saber o que está acontecendo. Afinal, os cânticos são muitas vezes o que seu povo vai lembrar e repetir em casa (por melhor que tenha sido o seu sermão!). Talvez a música não seja sua área de especialidade, mas ame a sua congregação o suficiente para importar-se com o que eles estão cantando.

4. ESTOU VERIFICANDO A SELEÇÃO GERAL OU O "REPERTÓRIO" DOS CÂNTICOS?

Nessa geração de internet, é possível escrever um cântico, co-

CANTE!

locá-lo na rede, e vê-lo cantado em seis continentes no final da semana. Embora isso tenha seu ponto forte, significa que o acervo de cânticos frequentemente é maior do que o das gerações anteriores, e que há menos responsabilidade pessoal quanto à sua criação, bem como uma tendência nata de favorecer a novidade simplesmente por ser novidade.

Isso também significa que, se as músicas são escolhidas uma a uma simplesmente por seus próprios méritos, as igrejas poderão acabar tendo uma gama estreita de cânticos em termos de profundidade e amplitude teológica. Certifique-se que a lista de cânticos de sua igreja inclua hinos e canções que abordem sobre todas as principais doutrinas e estações da vida, assim como fazem os Salmos e hinários históricos.

5. ESTOU APAIXONADAMENTE ENVOLVIDO NOS CÂNTICOS?

O grande pregador galês do século passado, Martyn Lloyd-Jones, insistia em dirigir pessoalmente a oração pastoral semana após semana, porque levava muito a sério o moldar a oração para a sua congregação. Defendemos que esse tipo de cuidado deve ser dado também ao cantar, não necessariamente com o microfone ligado, nem mesmo à frente da congregação, mas cantando de maneira visível diante da congregação.

Um pastor que pareça distraído ou desanimado, ou que nem mesmo se encontra no ambiente de culto durante o tempo de louvor, está falando à sua congregação que cantar não é tão importante para ele. Cante com o seu povo. Esteja presente, esteja envolvido, seja apaixonado. Se não for assim, eles também não o serão.

6. ESTOU LIDERANDO, ENCORAJANDO, ENSINANDO E EDIFICANDO RELACIONAMENTOS FORTES COM TODOS OS MÚSICOS?

Quando o pastor investe em seus líderes de louvor e nos músicos, eles se tornam mais bem-informados, mais de acordo com a visão e missão da igreja, e frequentemente, mais criativos e energizados no que fazem. O encorajamento é oxigênio para a alma criativa.

Um departamento de música da igreja deixado sem rumo, pode se tornar como um monstro numa igreja, exercendo influência demasiada e causando muito sofrimento. Não é saudável para a congregação como um todo nem para os próprios músicos, quando o relacionamento entre o(s) pastor(es) e eles não estiver funcionando bem. É sempre tentador, na liderança da igreja, evitar conversas mais complicadas. E muitas vezes não existe conversa mais difícil para um pastor do que com os líderes de louvor, que tendem a ser populares, fortes e emotivos. Mas tais conversas precisam acontecer, senão todos sofrerão. Quando os líderes de louvor e seus pastores formam parcerias de trabalho profundas, compromissadas, confiantes, robustas e mutuamente respeitosas a oportunidade de ministério é incalculável.

7. ENCORAJO REGULARMENTE A CONGREGAÇÃO EM SEU CÂNTICO?

Dê encorajamento à sua congregação. Semana após semana, ajude-os a crescer em confiança, e escute as suas vozes. Se você estiver dirigindo o culto, dê curtas reflexões sobre aspectos do que tem sido cantado, ou está prestes a ser cantado, estimulando o seu rebanho a cantar uns aos outros como a expressão de sua união no evangelho. De vez em quando, conte as histórias dos hinos que estão cantando. Encoraje a gratidão e o apoio da igreja pela equipe de música.

8. ESTOU ESTIMULANDO A CONGREGAÇÃO PARA SE PREPARAR PARA OS CULTOS DE DOMINGO?

Encoraje pessoas a orar sobre o que farão no domingo; encoraje as famílias a terem as letras de músicas ou hinários ou algum outro recurso musical que os ensine o evangelho na vida do lar; e encoraje-os a cantar juntos (veja o capítulo 6). Promova o escutar os cânticos em *smartphones* e em casa na vida cotidiana. Envie listas de cânticos por e-mail, mande links de vídeos no YouTube e folhas de músicas com pauta, e assim por diante.

9. ESTOU PLANEJANDO A ORDEM DO CULTO DE MODO SENSÍVEL E CRIATIVO?

Em toda arte, a ordem e o tempo em cada parte pode aprofundar o significado e beleza da experiência, ou pode obscurecê-la — e não é diferente no culto na igreja. O planejamento do culto, que em geral abrange tudo, deve ajudar a dar forma a nosso entendimento do evangelho — a grandeza de Deus, a maravilha do perdão em Cristo por meio do arrependimento de nossos pecados, e nossas orações pelo crescimento do reino de Cristo em nossa vida e no mundo.

O início do culto deve ajudar a estabelecer *como* cantam. As tradições pentecostais frequentemente cantam continuamente por quarenta minutos ou mais no começo do culto — embora isso possa causar um choque cultural na sua igreja, o princípio de iniciar com canções conhecidas, ou mesmo uma série de cânticos antes do início oficial de culto, vale a pena ser considerado. Recomendamos também o uso de seus cânticos para destacar a mensagem da passagem bíblica e o foco da mensagem pregada, especialmente ao cantar em resposta à mensagem no final do culto.

10. ESTOU VENDO O DESENVOLVIMENTO DO CÂNTICO NA VIDA CONGREGACIONAL?

Uma parte da visão para a sua igreja deve incluir como você deseja que o canto se desenvolva. Mantenha estes alvos sob os cuidados da equipe de líderes de música. Se você demonstra intencionalidade e cuidado quanto ao cântico em sua igreja, mais cedo ou mais tarde todos os demais farão o mesmo (e vice-versa).

Isso pode significar também no planejamento de quando a igreja poderá cantar juntos, com todos os grupos de idades. Por exemplo, tanto a nossa igreja em Belfast quanto a nossa igreja em Nashville incluem as crianças na primeira parte dos cânticos no culto principal da igreja.

E finalmente... durante um ano, garanta que a seguinte pergunta sobre música seja feita em cada reunião semanal de avaliação da igreja: "Como a congregação cantou?"

FAIXA DOIS

ADORAÇÃO E LÍDERES DE LOUVOR

> *Pois, tanto o que santifica como os que são santificados, todos vêm de um só. Por isso, é que ele não se envergonha de lhes chamar irmãos, dizendo: A meus irmãos declararei o teu nome, cantar-te-ei louvores no meio da congregação.*
> Hebreus 2.11-12

CRISTO É NOSSO LIDER DE LOUVOR

Antes de entrar na lista de verificações deste capítulo, pensamos que seria bom simplesmente declarar que Cristo é nosso líder máximo de louvor, mestre do coral do céu e da terra. A profunda convicção de nosso coração bem como o desempenho visível de nossos dons têm de ser informados pelo conhecimento de que todos temos igual acesso a Cristo, Mediador de todos nós (Hb 4.16; 1Tm 2.5; Ef 3.12).

Temos de nos certificar que servimos as pessoas que cantam, de tal maneira que levemos claramente a congregação a Cristo e não a nós; ou a uma consciência de louvor, que como "mediadores" estamos tentando levá-los. Nossas músicas têm de estar cheias da pessoa e obra de Cristo, nossos gestos têm de reconhecê-lo como Senhor, e nossos arranjos e produção têm de ajudar nossos irmãos a cantar com liberdade a Cristo, em espírito e em verdade.

DEFININDO O PAPEL

Na maioria das igrejas de hoje, em geral, os cânticos são dirigidos em um dentre três modos:

1. Um líder de louvor, que tem um papel ativo e geralmente é o cantor-líder.
2. O culto todo é dirigido pelo pastor, tendo cantores-líderes e músicos em papéis de assistentes.
3. Conforme acima, mas tendo liderança instrumental ou baseada em coral.

Apreciamos que existam pessoas lendo este livro que tenham fortes sentimentos a respeito de cada uma dessas três tradições, bem como as de nuanças diferentes (na liderança, estilos musicais, de canto e liturgias). Não obstante as definições, temos tratado esses pontos gerais com os que dirigem musicalmente o cantar na igreja. Este é um papel essencial ao levarmos uma congregação à glória de Deus e à história da redenção, cantando juntos de maneira bela que edifique a fé em todos. Em todo contexto, presume-se que a equipe pastoral e a equipe de louvor trabalhem juntas, em boa colaboração criativa. Não podemos repetir o suficiente que não existe lugar na liderança musical para aqueles que não seguem os líderes de sua igreja, quando buscam servir os membros da sua igreja.

Faixa dois: Adoração e líderes de louvor

1. ESTOU ANDANDO COM O SENHOR?

O seu relacionamento primário é o próprio relacionamento com o Senhor. "Um homem é aquilo que é de joelhos diante de Deus, e nada mais", dizia o pastor escocês do século XIX, Robert Murray McCheyne. Você não veste, de repente, "roupas de adorador" quando vai à frente das pessoas. A sua paixão por liderar o louvor cantado em sua igreja só será saudável se o seu relacionamento com Deus for saudável — se estiver na Palavra, orando regularmente, vivendo como parte da comunidade de sua igreja, conhecendo sua responsabilidade ali. Qualquer um que esteja em posição de liderança servirá como exemplo a outros, no palco e fora do palco.

Lidere com alegria e gratidão. Isto não significa que você deva fingir uma felicidade superficial, mas que haja um ritmo constante de alegria em seu porte e sua expressão, que inspire as pessoas que está dirigindo a cantar ao Senhor e uns aos outros. A gratidão a Cristo deve dar forma à disposição de seu espírito e seus talentos. Isso o erguerá em confiança quando você se sentir inadequado, o derreterá do gelo do cinismo, e o dominará com a humildade correta quando o seu ego for tentado a se inchar.

2. TENHO UM BOM RELACIONAMENTO COM OS LÍDERES DE MINHA IGREJA?

Você compartilha de um púlpito que não é seu e serve à liderança em sua visão e missão para a igreja na qual você se encontra. É imprescindível desenvolver um bom sistema de comunicação, no palco e fora dele, com aqueles que foram chamados a pastorear a sua igreja (pastoreio que inclui você mesmo). Onde você discorda da abordagem dos líderes, continue a servir sem mexericos ou maledicência. Se o conflito for grande demais para conciliar, mude para outro lugar onde a sua frustração não aumente a ponto de derrubar outras pessoas. Por trás de tudo que fazemos tem de haver uma disposição do coração terna e submissa ao Senhor, e aos que nos lideram enquanto nós lideramos outras pessoas. Liderar o louvor não é dominar algum tipo de chamado mágico. É, sim, uma dádiva de Deus para ser usada para servir a igreja dele e glorificar o seu Filho.

3. ESTOU INVESTINDO NOS RELACIONAMENTOS COM MINHA(S) EQUIPE(S) DE LOUVOR?

A sua equipe deve estar em relacionamento correto com Deus e uns com os outros, e é sua tarefa liderar e buscar isso. Deve haver ambiente de encorajamento mútuo, amizade e entusiasmo pelos dons uns dos outros. Nosso modo de lidar com o próximo em particular também tem de exaltar a Deus, para que, tendo ficado de pé em campo aberto, cantando de nosso compromisso com Cristo, não tropecemos e caiamos juntos em particular — em mexericos, impurezas ou divisões.

Por exemplo, quando viajamos pela estrada e em nossos escritórios, temos um regulamento que um homem e uma mulher (a não ser que sejam casados) não devem estar sozinhos juntos em uma sala fechada, elevador, carro, ou outro espaço isolado. Isso ajuda a nos mantermos como uma equipe longe de qualquer suspeita e acima de qualquer repreensão na área de relacionamentos.

4. ESTOU ESCOLHENDO BONS CÂNTICOS?

Tenha como objetivo para as suas escolhas o demonstrar, como os Salmos:

+ Uma vasta visão do caráter de Deus;
+ Como nos encaixamos na história da redenção de Deus;
+ Um amplo entendimento da experiência humana.

Considere com cuidado a letra das músicas que você escolhe para determinado culto. Pergunte-se:

+ Esta letra é verdadeira quanto a quem Cristo é e tudo o que ele fez, está fazendo, e fará por nós, em nós, e por nosso intermédio?
+ Ela está repleta da liberdade do evangelho?
+ Provê linguagem para louvor sincero, fé renovada e obediência leal?
+ Que imagem de Cristo está sendo transmitida ao descrente?

Ao rever, depois, como foi a música, pergunte:

+ A congregação cantou bem?
+ A Palavra foi proclamada?
+ O canto honrou ao Senhor?

5. ESTOU DEDICADO A SERVIR A MINHA CONGREGAÇÃO?

O seu relacionamento com a congregação é imensamente importante. Não se trata apenas de você sozinho com o Senhor, em frente a um auditório cuja presença é casual. Você está com sua família cristã, e eles procuram em você direção, e não apenas uma apresentação diante deles. Deixe que o benefício da congregação seja seu guia, quando perguntar: "O que vestirei para dirigir o louvor?", "O que farei com minhas mãos?", "Como vou ficar no palco?", "O que devo dizer?", e assim em diante. Enquanto o próprio coração estiver focado no Senhor (e, frequentemente, em muitas outras coisas que clamam por sua atenção), uma parte de seu culto ao Senhor é servir ao bem deles.

Esteja em oração. Seja claro quanto ao que está fazendo. Toda palavra que falar deverá, de modo bem pensado, servir ao propósito do canto dentro daquele culto em especial — quer seja um versículo da Escritura que ajude a convidar as pessoas para cantar, quer a direção em que se posicionar, quer seja uma breve oração em resposta à finalização de um dos cânticos.

Uma observação preocupante que temos feito é que, em muitas igrejas, tanto a liderança quanto a congregação prefeririam uma gama mais ampla de estilos musicais e expressão do que os líderes do louvor são capazes ou dispostos a dar. Tome cuidado para não limitar o fluxo do canto congregacional, ao cantar apenas o que você gosta ou o que faz melhor.

6. ESTOU ENCORAJANDO A VOZ CONGREGACIONAL?

Ajude as pessoas a encontrar o seu tom de voz. Procure por ele. Ao fazê-lo, você cultivará uma cultura em que será estranho ser apenas um congregante passivo. Uma das coisas que nossa igreja (The Village Chapel, em Nashville) faz cada vez mais é cantar sem acompanhamento em algum tempo

Faixa dois: Adoração e líderes de louvor

durante o culto, a fim de inspirar a voz congregacional e estimular as harmonias.

O foco que você tem ao encorajar a voz congregacional conduzirá a certos compromissos em suas preferências pessoais. Por exemplo, a sua voz pode soar melhor em uma clave do que em outra, mas se você puder cantar dentro de um bom padrão sólido na clave que for melhor para a congregação, deve fazer isso. Se você somente cantar aquilo que se encaixa perfeitamente em sua própria voz, provavelmente não estará servindo a congregação do melhor modo possível. Muitas de nossas gravações estão em claves mais baixas, por serem elas mais confortáveis para Kristyn, mas, quando dirigimos a mesma música na igreja, nós a arranjamos num tom mais alto para encaixar melhor na maioria das vozes.

Cantar como líder na igreja não é o mesmo que cantar como solista. Certifique-se de que suas frases e respiração estejam claros em benefício da congregação, na medida em que ela segue sua liderança na música. Os inícios das frases geralmente são os mais importantes, portanto, cante forte as primeiras palavras do verso e do coro, para que a congregação saiba onde estão (uma respiração visível de sua parte também pode ajudar). Tome liberdades com o estilo somente se a congregação tiver confiança em cantar determinada música, de modo que o que você fizer não venha distrair, mas sim acrescentar à capacidade e ao prazer da congregação naquele estilo. Se estiver usando um novo cântico, ensine-o. Se puder, envie-o antes por e-mail para a congregação, com a letra e um link do vídeo da música; se for possível, separe tempo para ensaiar juntos. Se tiver um coral, em um domingo você poderá "plantar" o coral no meio da congregação para ajudar e encorajar o canto.

7. ESTOU SENDO EU MESMO E NÃO TENTANDO SER OUTRA PESSOA?

Conheça seus pontos fortes e (onde possível) preencha as lacunas para que uma congregação ampla e diversificada possa se apoiar e depender dos seus líderes de música. Não pense que você precisa copiar o estilo de outra pessoa, pois isso pode parecer desajeitado ou afetado em você. Confie que Deus lhe deu exatamente os dons que sabe que você precisa para liderar este rebanho em especial que você está servindo.

Ajude os seus músicos a tocar como eles mesmos e a não imitar uma gravação. Seria melhor para todos na igreja, se cada um tocasse com o seu próprio esforço, simplificando quando necessário, ou adaptando um arranjo de uma canção, de tal forma que realmente liberasse a congregação para cantar.

8. ESTOU CONSCIENTE DO TRABALHO DO ESPÍRITO SANTO?

"Quando, porém, vier o Consolador, que eu vos enviarei da parte do Pai, o Espírito da verdade, que dele procede, esse dará testemunho de mim" (Jo 15.26). Estamos cantando de modo submisso ao Espírito, testificando a Cristo?

Devemos estar cheios do Espírito quando cantamos (Ef 5.18). Ore para que o Espírito Santo produza os frutos da sua presença no modo de você cumprir seu papel ministerial. Por exemplo, peça a ele amor mais profundo por sua igreja quando estiverem juntos, aumentando a alegria em toda a celebração, paciência quando o cantar não é tão musical quanto você desejaria, perseverança onde um estilo não é o seu favorito, bondade quando você encorajar o próximo, benignidade ao respeitar um ao outro na pureza

Faixa dois: Adoração e líderes de louvor

por meio do que você veste ou como se move, fidelidade em contar o evangelho para a próxima geração, gentileza para os que estão chegando à igreja feridos ou confusos, e domínio próprio para se conduzir na forma como você honra o Senhor, seja o que for que aconteça no culto e o que as pessoas vão dizer depois dele.

Há momentos em que a pessoa na liderança poderá mudar um pouco o curso do que está fazendo. Mas o Espírito também trabalha na preparação e prática que fazemos antes, pois a intuição espiritual não é sempre igual à espontaneidade.

Temos conduzido a música em cultos com ordem litúrgica impressa, em que todos os elementos foram trabalhados com antecedência, e temos dirigido cultos em que mudamos um pouco o "roteiro" enquanto prosseguimos; às vezes, repetimos um cântico ou até mesmo trocamos uma canção. Temos trabalhado com músicos habilidosos em improvisar, e orquestras que seguem habilmente a partitura da música à sua frente. Será que um modo é mais cheio do Espírito do que outro? Não. Nós não controlamos o Espírito, nem devemos presumir que saibamos como ele vai operar em cada ocasião.

O Espírito Santo não necessariamente toca mais fundo quando existe uma experiência musical criada para destacar os sentidos, quer seja por meio de um tema musical, uma mudança nas luzes, ou um vapor no ar. Sugira tais coisas com prudência e exercite cautela, pois, às vezes, elas não são as melhores opções para o canto congregacional. Na verdade, podem até prejudicar, se as pessoas determinarem quanto um culto de adoração foi "espiritual" exclusivamente pela maneira como *se sentiram* durante o canto.

9. ESTOU ENVELHECENDO COM GRAÇA?

Quando nos mudamos para Nashville, nosso amigo Eric Wyse nos disse que é raro ver um profissional de música nesta cidade envelhecer de modo gracioso. É difícil ser objetivo, ver a força física desvanecer, não deixar que o privilégio da capacidade e da visibilidade engulam seu senso de identidade, ceder o lugar quando é necessário e compartilhar os papéis, procurar outro líder, treinar, encorajar outros que surgirão depois de você — é difícil, mas é essencial para o seu bem-estar e para o bem-estar da igreja em que você serve.

Igualmente, e de modo inverso, não permita que a juventude seja o ídolo na liderança musical da igreja. Nossa cultura ocidental é diferente de muitas outras culturas mundiais ao prezar a mocidade acima de honrar os idosos, e isso não deve penetrar em nossas igrejas. Será de grande ajuda e inspiração ter um ministério de música na igreja que seja multigeracional, cada qual aprendendo do outro, e dependendo um do outro, alegrando-se na força que diferentes talentos e entendimentos trazem ao todo.

10. ESTOU ANDANDO COM O SENHOR?

Esta é a primeira pergunta que devemos fazer — bem como a última. Demasiadas pessoas tornam-se ressecadas na fé sem que alguém o perceba, visto que elas continuam no palco. É melhor sair da liderança do louvor do que sair da sua fé. Invista em seu relacionamento com Jesus, pois tudo o mais que tiver de fazer tem de fluir disso.

FAIXA TRÊS

MÚSICOS, CORAIS E PRODUÇÃO

*Celebrai o Senhor com harpa,
louvai-o com cânticos no saltério de dez cordas.
Entoai-lhe novo cântico,
tangei com arte e com júbilo.*
Salmos 33.2-3

Aprendemos a cantar e a tocar música crescendo em nossas igrejas locais; nossa fé, os cânticos que cantamos, e o jeito que cantamos e tocamos dependiam um do outro de modo difícil de separar. Não nos foi ensinada a distinção entre o dirigente e o adorador; aprendemos a dirigir bem, de modo a encorajar a congregação a cantar como extensão de uma vida de adoração.

No passar dos anos desde que aprendemos, tivemos o privilégio de trabalhar com músicos e tecnólogos de produção incríveis, muitos dos quais estão entre nossos melhores amigos. O artista Sting disse certa vez que sempre procurava se cercar de músicos melhores do que ele, para que sempre estivesse aprendendo, para sempre cantar melhor — descobrimos que isto é muito verdadeiro.

CANTE!

UMA NOTA SOBRE CORAIS

Amamos corais!

Gostamos de trabalhar com corais tanto quanto possível. A maioria de nossos concertos no decorrer dos anos têm sido apoiados por coros, e, de maneira especial, Keith tem estado em corais e trabalhado com corais a maior parte de sua vida.

Ainda que apreciemos ouvir corais em vozes e músicas de apresentações especiais, o que mais apreciamos (e consideramos como chamado central do coral da igreja) é a capacidade de um coro ajudar a congregação a cantar melhor, enquanto os que possuem forte capacidade vocal ajudam a todos os demais a cantar músicas conhecidas e a navegar por músicas mais novas. Se você canta em um coral, você é um músico que deve servir a congregação com os seus dons.

UMA LISTA DE VERIFICAÇÃO PARA O MÚSICO

Aqui estão cinco perguntas para perguntar a si mesmo, se você for músico, cantor, ou faz parte de uma banda. Se você faz parte da "equipe de produção", vai encontrar uma lista de cinco pontos como perguntas mais à frente, nesta mesma faixa.

1. Como posso melhor acompanhar o canto da congregação?

Primeiro, e fundamentalmente, você está ali para ajudar o povo de Deus a cantar. Fazer isso não é restrição ou redução do seu talento — você coloca em prática amar o próximo como a si mesmo na medida que ajuda a família de Deus a cantar. Somente os tolos acham que sua arte é mais importante do que servir a congregação. A pergunta que temos de fazer a nós mesmos e aos músicos próximos depois de um culto é: "Como ajudamos a congregação a cantar?"

2. Eu trabalho em equipe?

O propósito de sua apresentação é trazer a igreja para mais perto, e não alargar a distância entre o palco e a congregação. Você faz parte da "Equipe de Congregação". Toque com habilidade para que as pessoas possam cantar forte e com alegria, mas não se exiba de modo a tornar mais difícil para as pessoas entrarem na música e cantarem juntos. Talvez tenha de simplificar as linhas que você toca, alinhar o ritmo de uma linha que esteja cantando, abaixar o volume do amplificador, ou tirar um dos seus monitores de ouvido para poder escutar a congregação.

Cante a Deus e aos que estão ao seu redor (ou, se você estiver no palco, aos que estão à sua frente). É importante ser modelo de envolvimento de todo coração, assim, se puder, quando puder, cante com paixão e alegria enquanto estiver tocando. Torne as entradas nos versos e nos coros bastante claras, para que a congregação saiba onde você está em um cântico. As entradas em um cântico são incrivelmente importantes.

Você também faz parte da "Equipe de Músicos". Sejam unidos no esforço de encorajar e capacitar o louvor de todo o corpo de Cristo. Submeta-se, com alegria, àqueles na liderança, e uns aos outros. Aceite o papel que você desempenha em determinado cântico.

Em uma turnê de fim de semana, ao anoitecer, Keith acompanhava ao violão as nossas meninas, ao cantarem "Só em Jesus", enquanto elas aprendem as palavras e cantam no próprio ritmo delas; então, tocou a mesma canção numa estação de rádio em um teclado com Kristyn; e, depois, tocou em um piano de cauda em uma grande igreja, com toda a formalidade; e, em seguida, tocou pela quarta vez em uma arena com a banda, em um concerto. Todos os quatro contextos são muito diferentes e requerem que se escute de maneira diferente e toque de modo diferente. Em cada contexto, os músicos fazem parte de uma equipe. E você também.

3. Estou ensaiando e me preparando corretamente?

Temos de nos preparar muito para tocar bem para o povo de Deus — nunca deverá ser menos que o nosso melhor. Nos primeiros anos, quando nos mudamos para Nashville, uma das mais surpreendentes experiências para nós foi contratar um músico da "classe A" para tocar conosco em uma conferência. Quando ele pediu a lista de nossos cânticos, pedimos desculpas por nossa indecisão e mandamos por e-mail duas possíveis listas. Quando chegamos ao evento, ele estava no seu lugar uma hora antes do ensaio (e antes de todos os outros), tinha repassado cada canção de ambas as listas, e após ter estudado as versões ao vivo, tinha uma ou duas perguntas. Foi assustador ver o quanto os grandes músicos se preparam. Se eles, que estão no topo da sua arte, trabalham tanto assim, não vamos nos enganar achando que não precisamos fazer o mesmo.

Se você tem o compromisso de tocar, comprometa-se a amar muito as pessoas da sua igreja a ponto de se preparar bem. Muitas pessoas que tocam na igreja têm outros empregos e, assim, seu tempo está dividido, mas existe um preço em servir — e se você for músico, parte disso está em certificar-se de prover um bom espaço de tempo para se preparar. Bob

Faixa três: Músicos, corais e produção

Kauflin escreve: "O alvo de ensaiar não é fazer alguma coisa até acertar. É fazer até não ter como errar". Se você luta com seus nervos, o preparo extra pode ser a vara mágica que o leva de pensar e preocupar-se consigo mesmo a focar e ter prazer no canto da congregação enquanto você toca.

Certifique-se, o mais possível, que você durma bem no sábado à noite, e que é pontual e organizado no domingo. Esteja em oração antes de chegar.

4. Amo a minha equipe de liderança... e minha família da igreja?

Os grupos musicais são notórios por atrair pessoas extravagantes, muitas vezes socialmente insensíveis ou emocionalmente inconstantes. (Podemos dizer isso porque somos músicos!)

Tenha certeza que o seu alvo é promover a unidade, mesmo ao custo de suas preferências pessoais, e não a solapar a unidade a fim de garantir essas preferências. Honre em oração tanto o seu líder da igreja quanto seu líder de música, não somente seguindo a sua liderança, mas faça isso sem murmurar ou reclamar. Pergunte a eles como você pode desempenhar um melhor papel para ajudar a congregação a cantar. Com o grupo de músicos, tenha em vista o servir a igreja além de somente executar a sua música. Muitos irmãos que cantam nos corais são uma máquina de oração na sua igreja e grandes provedores de hospitalidade. Estar no palco deverá ser apenas uma pequena parte do seu serviço, e, com certeza, nunca a sua totalidade.

5. Estou desenvolvendo o meu dom?

Qualquer que seja o dom que você tenha para acompanhar o povo de Deus nos cânticos, procure melhorar no uso deste dom, para que possa servir melhor a sua igreja. Se você for cantor, isso pode incluir o fazer parte do coral, cantar na equipe de teatro, ou tomar aulas de canto. Para músicos, talvez você queira gravar o que você toca no piano e escutar ativamente, receber aulas de instrumentos, pedir conselho da parte de músicos a quem admira, ou tocar em uma orquestra. Esteja constantemente escutando boa música e cerque-se de pessoas que transmitam vida em sua criatividade.

Acima de tudo, desenvolva o seu amor por Cristo. Quando éramos músicos ainda jovens, John Lennox nos desafiou com esta frase "Cresça em seus dons musicais, mas certifique-se de que a sua fé cresça ainda mais". Ser músico a serviço de Deus é pertencer primeiro a ele, e, depois, fazer música para a sua glória com tanta excelência e beleza quanto seja possível. Não existem atalhos nisto nem linhas de chegada ao fim do aprendizado.

Aqui uma palavra especial aos corais — os estilos de música de igreja mudam, e temos de estar preparados a ser flexíveis para permanecermos envolvidos. É essencial estar disposto a variar estilisticamente, permitindo que outros grupos vicejem, e compartilhar o palco com outros.

CINCO PERGUNTAS PARA AS EQUIPES DE PRODUÇÃO

A produção — quer você seja uma banda de um homem só ou faça parte de uma equipe — é um ato de serviço que anda de mãos dadas com a habilidade técnica que se requer para facilitar o canto. Nós temos trabalhado com alguns excelentes engenheiros e produtores de som. Temos experimentado a alegria de ver as coisas indo bem e as tensões e tentações quando a tecnologia

Faixa três: Músicos, corais e produção

não coopera. Somos gratos pelas decisões que nossa igreja, aqui em Nashville, tomou para usar a tecnologia e produção como suporte ao canto congregacional do melhor modo que puderam, nos principais espaços em que nos reunimos.

As pessoas que nos servem na produção estão, em sua maioria, nos bastidores do cenário, e tendem a ser criticados quando surgem questões técnicas, mas não aplaudidos quando as coisas vão bem. Muitos são voluntários. Se você estiver lendo este texto e não for membro da equipe de produção de sua igreja, por favor, procure-os no próximo domingo e agradeça-lhes.

Eis algumas coisas que achamos que os membros da equipe de produção a quem valorizamos têm perguntado a si mesmos sobre o seu papel:

1. Estou favorecendo o canto da congregação ao equilibrar o som?

As pessoas terão opiniões diferentes sobre o som no salão — isso pode ser muito subjetivo. Mas (especialmente dado o fato que muitos de nossos espaços de reunião, infelizmente, não foram desenhados para o canto em grupo) o pessoal que dá equilíbrio ao som deverá fazer o que puder para servir a igreja toda, o que significa que às vezes tem de se aumentar o som e, outras vezes, diminuí-lo. Escute a congregação, e não somente o palco, para obter o melhor som para ajudar a cantar.

2. As palavras estão claras para a congregação?

A tarefa da pessoa que cuida da tela (ou, claro, colocar o hinário da igreja no lugar de cada assento e projetar o número na parede) é muito importante. Se você estiver responsável

CANTE!

por mudar as palavras na(s) tela(s), faça previsão do tempo do fôlego que a congregação tomará antes das primeiras palavras na tela, e tenha certeza de que está junto com eles. Não projete no meio da palavra ou sentença cantada, pois as pessoas enxergam um pouco adiante do som que vão cantar. Apresente as palavras com fonte clara. As letras são regularmente acompanhadas por vídeo, mas (embora tenhamos visto isso feito de modo positivo), por favor considere se a congregação vai cantar melhor sem a distração do vídeo.

Quando usar um hinário, certifique-se que as pessoas saibam quando virar a página. Instruções claras são especialmente úteis para os visitantes, ou quando um hino não é bem conhecido. Em tudo que fizer, procure dar ao povo confiança em cantar, eliminando qualquer coisa que o possa impedir.

3. Tenho me lembrado que não estou trabalhando em um estádio ou grande teatro?

Frequentemente, as pessoas que servem na área de produção (e, na verdade, na congregação!), comparecem a uma conferência e voltam para casa frustradas porque o som ou as luzes não são tão bons na sua igreja. Não desanime. Se for o canto congregacional que você está estimulando, realmente não precisa de todas essas outras coisas. Por milhares de anos, as pessoas cantavam sem luzes no palco ou mesa de som! Trabalhe de onde você está e desenvolva aos poucos, conforme puder. Faça o seu melhor com o espaço e equipamento que você tem.

4. Estou prestando atenção aos detalhes?

Somos muito gratos pelos super-heróis administrativos que cuidam dos grandes e pequenos detalhes para que a equipe que está à frente possa fazer o seu trabalho e a congregação seja bem servida. Qualquer que seja o seu papel, você serve ao Senhor ao servir o seu povo, portanto, seja encorajado com isso e faça o seu melhor. As habilidades administrativas são um dom dado por Deus.

5. Meu coração está no lugar certo?

Mesmo que você não esteja no palco, pode acabar fazendo o seu papel para trazer glória para si mesmo (ou ficar irritado quando não recebe nenhum elogio); e ainda pode acabar vendo o seu papel e seu departamento como sendo mais importante do que os outros. Ore de antemão a respeito de seu trabalho, lembre-se a quem você está servindo, e, assim como os pastores e os músicos, veja os seus "critérios de sucesso" não para conseguir o equilíbrio certinho ou as luzes acenderem na hora exata, conforme esperava, mas: "Como eu ajudei a congregação a cantar?"

FAIXA QUATRO

COMPOSITORES E POETAS

> *É meu plano, seguindo o exemplo dos profetas e pais antigos da igreja, compor salmos no vernáculo para as massas; ou seja, cânticos espirituais, para que a Palavra de Deus permaneça no cantar entre o povo. Com este fim, procuramos poetas em toda parte.*[1]
> Martinho Lutero

Em anos recentes, escrever músicas para o canto congregacional parece ter-se tornado assunto cada vez mais interessante para as pessoas; assim, incluímos algo a este respeito neste livro. Porém, quando se trata de compor músicas, nós dois somos apenas estudantes, não mestres. Estamos sempre aprendendo como fazer, e achamos tudo muito difícil. Empregamos longas horas e obtemos alguns resultados. Gostaríamos que fosse mais rápido. Queríamos que fosse mais fácil. Parece que para os outros vem mais depressa e sem dor; mas para nós é um processo empolgante, envolve o coração, é um privilégio, tão desesperadamente frustrante que muitas vezes parece ser uma extração de dente. Quando

---

1 Martin Luther, *Worship Wars in Early Lutheranism (Guerras de Culto no início do Luteranismo)*, capítulo 1, Carta a Georg Spalatin, 1523.

escrevemos aqui os nossos pensamentos, tratamos mais daquilo que temos como objetivo e motivo de oração; mas, nem sempre conseguimos alcançar os nossos objetivos!

1. QUANDO VOCÊ COMPÕE PARA A IGREJA, ESCREVA PARA A SUA IGREJA.

O seu único foco deve ser escrever para a sua igreja, e não tentar dar oxigênio a outras agendas ou ambições musicais pessoais. O que não se pode negociar é que tudo que você escreve tem de ter integridade bíblica, e tem de ser inspirador e memorável para ser cantado harmoniosamente. Ao escrever para a igreja, você está fazendo algo com um alvo bem específico. As letras de suas composições precisam ser possíveis de serem cantadas por muitas pessoas. Precisam cativar o coração de nossa fé, nossa imaginação e nossa experiência de vida, dentro do ambiente de uma comunidade. Portanto, pergunte: Quais são as letras de músicas que minha igreja é capaz de cantar? Qual a melodia que eles conseguirão cantar? Componha, tendo sempre em mente a tonalidade da congregação, e não a do seu artista favorito, ou de alguém na rádio, ou algo que você aprendeu em seu treinamento de música clássica.

É também muito útil se o que você escreve for sobre o que sua igreja está fazendo — torna mais relevante o cantar e as músicas se encaixam na vida real com maior naturalidade. É ótimo escrever para eventos especiais em sua igreja (por exemplo, acampamento de verão das crianças, musical de natal, uma série dominical sobre os Salmos). Quanto mais você tenta escrever bem dentro do contexto de sua igreja, mais você será original. Quanto mais você tenta copiar as coisas populares do momento, menos original você será.

2. ENCONTRE A SAÍDA CERTA PARA SEU TRABALHO A FIM DE EXPLORAR TODO O SEU POTENCIAL.

Você precisa experimentar as músicas entre grupos musicais, grupos nos lares, grupos de jovens ou grupos de amigos. Se uma canção "funciona" dentro daquele ambiente e a liderança da igreja fica empolgada, experimente esses cânticos na igreja. Uma vez que uma canção seja solicitada com frequência por sua congregação ou pelos membros da igreja, compartilhe-a com igrejas irmãs e amigos que estariam interessados. Faça isso somente quando tiver certeza sobre a aprovação daquela música, pois isso aumentará a confiança junto a outras pessoas quando realmente sua igreja gostar. Veja, então, para onde vai depois disso. Pouquíssimas músicas que escrevemos chegam até este estágio, e existem algumas que reconhecemos que deveríamos ter trabalhado por mais tempo.

3. SEJA REALISTA EM SUAS EXPECTATIVAS.

Escrever músicas para a igreja é uma atividade bela, agradável (às vezes), e louvável. Mas a maioria que são escritas (neste caso, das músicas que nós escrevemos, pelo menos noventa e cinco por cento) nunca deveria ser ouvida. Calculamos que Keith tenha escrito ou gravado entre quinhentas a mil melodias por ano nos últimos dezessete anos, para reconhecer que um punhado relativamente pequeno de canções nos agradam e pelas quais somos conhecidos. Kristyn tem incontáveis diários e fichas de palavras e pedaços de papel com letras que nunca chegaram a ser aproveitadas.

Mesmo depois disso, algumas são só para nós, para nossa família e amigos, e a maioria do restante são para uma comunidade limitada da igreja por um período limitado de tempo. A geração de televisão de realidades sugere que, a não ser que você consiga fama e riqueza instantâneas, a sua música não alcançou todo seu potencial. Isso é um terreno fértil para amargura e descontentamento. É preciso manter as suas expectativas dentro da realidade.

4. SEJA ESTUDANTE DA FORMA ARTÍSTICA.

Escrever canções é uma forma de arte e não propaganda teológica. Portanto, estude a arte e a beleza. Keith ensaiava, estudava, praticava a música de cinco a oito horas por dia durante dez anos, escrevendo melodias por quatro anos, antes de sair nosso primeiro álbum.

Estude as melodias que se apliquem bem na sua congregação, e pergunte por que elas dão certo. Estude-as minuciosamente e considere as técnicas e as formas. Tivemos certa vez o prazer de jantar com o grande compositor de músicas para coral, John Rutter, e perguntamos a ele sobre seu processo de escrever. Ele respondeu, simplesmente: "É técnica". Fazia parte da habilidade dele trabalhar como um oleiro com o barro.

O mesmo ocorre com as letras. Não se pode arrancar água de um poço seco. Quando escrever para a igreja, a principal fonte de água tem de ser a Palavra viva de Deus. Beba-a o quanto puder, sem abdicar das responsabilidades como pai ou mãe, e outras tarefas que o Senhor tem dado a você. Encha a sua imaginação de todo tipo de boa literatura. Kristyn estudou Literatura Inglesa na universidade, e não música clássica. Tenha um plano e encontre a quem prestar contas, a fim de que essa pessoa possa ajudá-lo a caminhar através desse plano. Se você escreve

Faixa quatro: Compositores e poetas

músicas para a igreja, tem uma parte na responsabilidade do repertório de músicas que sua igreja canta. É sua responsabilidade certificar-se que a letra seja excelente, verdadeira, doadora de vida, no máximo que você possa compor. E, uma boa melodia, tendo palavras que não ajudam, é uma combinação poderosa e mortífera. Uma boa letra pode ser desperdiçada e não cantada, se a melodia não for suficientemente boa, mas o contrário não é verdade — uma boa melodia vai ser cantada mesmo que a letra não seja grande coisa.

5. ALMEJE LINGUAGEM E SOM NOVOS.

Por falar de letras, sempre existe mais para se escrever. Por definição, o que foi criado nunca pode entender toda a mente de seu Criador. Sempre vai existir outro ângulo, outra ênfase, uma vocalização diferente. Sendo assim, "Jesus me ama" é um cântico tão válido, tão amado, tão importante quanto "Ó Profundo amor de Cristo". Ambos têm um tema similar, ambos têm elementos devocionais, mas com efeitos diferentes; um ajuda em sua simplicidade, o outro ajuda em sua complexidade. Ambos são profundos. Ambos glorificam a Deus. Mas não cantamos sempre músicas como "Jesus me ama" nem cantamos todo o tempo hinos como "Ó profundo amor de Cristo".

Na verdade, os Salmos são mais refrescantes e interessantes do que a grande quantidade de nossas listas de músicas. Eles estreitam, ao mesmo tempo que também ampliam, o escopo de todo o tema que expõem. Noventa por cento das músicas cristãs são a respeito de cerca de dez por cento dos temas dos Salmos. Explore novos temas e escreva novas melodias. Tenha sempre sede por encontrar novos e renovados sons. Procure músicas que não lhe sejam tão conhecidas. Se buscarmos apenas o que nos parece atual em nossa cultura e nosso momento, então estaremos garantindo que não demorará muito para nossa música ficar fora de moda.

6. DESENVOLVA AS LETRAS COMO CRESCEM AS ÁRVORES.

Um bom hino é um todo orgânico quando todas as partes estão ligadas umas às outras de modo bem analisado, coerente e poético. Quando se trata da letra da música, descobrimos que ajuda ao imaginá-la como uma árvore. Começamos com a semente de uma ideia — do que trata esta canção, onde ela seria usada no culto, se estivesse em um hinário, em que página ou categoria seria colocada. Talvez seja uma música para a ceia do Senhor, ou a respeito da criação, ou sobre o mistério de Deus. Uma vez plantada essa semente em nossa imaginação, começamos a desenvolver o tronco e os galhos — a estrutura da música. Qual o fluxo do pensamento, e quais as ideias importantes (sabendo que uma música não pode conter tudo o que se quer dizer)? Como cada estrofe vai desenvolver o tema? Se houver um coro, qual o pensamento chave digno de ser repetido, que imprima a mensagem da música?

Depois que isso estiver no lugar, desenvolvemos as folhas — damos forma à linguagem e formamos a poesia. As primeiras linhas são especialmente importantes, porque atraem as pessoas para começar a cantar, e ajudam a revelar toda a canção. As últimas linhas são também importantes, conduzindo as pessoas a uma maior visão ou desafio de compromisso ou expressão de louvor. Procuramos frases deleitosas, peque-

Faixa quatro: Compositores e poetas

nas mudanças de ideias do que já ouvimos antes, que estejam frescas e sejam familiares, facilmente entendidas, mas que nos enchem de interesse. É um desafio! Às vezes você tem um primeiro pensamento de uma "folha" ou palavra ou frase, antes mesmo de pensar na "semente", e, assim tem de trabalhar para trás até encontrar de novo a "folha", porque você ainda precisa ter visão da peça inteira.

Um dos desafios no escrever letras de hinos é a meta de inspirar respostas por meio da revelação, e não falar ou descrever às pessoas a maneira como elas devem se sentir. Assim como uma piada só dá certo se não tiver de dizer ao ouvinte que ela é engraçada, é muito mais efetivo encher nossos versos e coros da pessoa de Deus do que dizer às pessoas como elas devem se sentir ao cantar sobre ele. É algo que sempre temos de aprender e nem sempre conseguimos fazer bem. É fácil ser sentimental ou manipulativo quando se escreve. Mas é sempre melhor não ceder a esta tentação.

7. TRABALHE EM COLABORAÇÃO.

Quando escrevemos, trabalhamos principalmente em colaboração, e isso tem criado uma tensão artística útil, visto que enxergamos e chegamos a conclusões de ângulos diferentes. Isso ajuda a dar amplitude na habilidade musical, e também oferece um senso de comunidade e apoio. Frequentemente, faz com que seja mais divertido escrevermos as músicas juntos, e muito frequentemente produz humildade. Constrói bom *feedback* no processo, e por todo o processo. Nem sempre é a parte agradável de escrever uma canção, mas muitos dos bons cânticos nunca teriam sido tão bons, se não tivessem sido feitos com essa parceria.

8. EDITAR O TEXTO É SEU AMIGO.

Todo bom escritor conhece o valor de um bom editor.

Já tivemos momentos — muito raros momentos! — quando uma letra veio muito facilmente.

Mas é muito mais comum precisarmos repassar repetidas vezes uma linha, cortando, acrescentando, ou mesmo mudando a estrutura ao redor dela. Mais cedo ou mais tarde, uma canção que será cantada virá à luz. Portanto, encontre amigos sábios e sensíveis que vejam com maior clareza do que você consegue enxergar, quando estiver examinando bem de perto o seu trabalho. Alistair Begg fala sobre como a medida de um terno bem feito está no material que ficou pelo chão. Com frequência, são as coisas retiradas que permitem a canção respirar e ter impacto mais belo e poderoso. As sobras podem até fazer outra canção, em outro dia.

9. APRENDA DENTRO DE SEU PRÓPRIO DNA CRIATIVO E SINGULAR, BEM COMO DE SUA PRÓPRIA ORIGEM.

Keith cresceu em um lar em que a música era discutida e apreciada em ampla variedade de contextos — a sua mãe dava aulas de piano em casa, enquanto o seu pai frequentemente preparava-se para ensaiar o coral, ou tocava órgão ou cantava no coral, o que ampliava constantemente os seus gostos musicais. Embora o tema central da música na sua casa fosse música da igreja, era propenso a ouvir "Criação", de Haydn, tanto quanto hinos e belíssimas músicas litúrgicas do Kings College Cambridge. Ele participava de um estudo bíblico com rapazes adolescentes que sabiam mais sobre os escritos puritanos de John Owen do que de Jon Bon Jovi, neste pedaço remoto da Irlanda do Norte, e gastava longas horas tentando tocar as melodias numa flauta, para encontrar novos acordes no piano ou violão, estudando música da histórica igreja tradicional, na escola The Friends School e na Universidade de Durham.

Como filha de pastor, Kristyn cresceu na rica movimentação da vida de uma igreja local, aprendendo música de ouvido, envolvida em uma mistura contemporânea/tradicional das equipes de adultos e de crianças do ministério de música. Estava cercada regularmente por grandes conversas ao redor da mesa de jantar com seus pais e muitos teólogos, missionários e líderes de igreja, que seus pais convidavam para virem a sua casa, bem como era nutrida em amor por literatura pela influência de seu pai e do estudo de literatura inglesa em Ballyclare High School e na Universidade da Rainha.

A singular mistura de tudo isso foi o fundamento para as músicas que escrevemos. A mistura que você tem é diferente. O seu pano de fundo e seus gostos e interesses naturais, bem como sua capacidade criativa, não são as mesmas que as nossas. Isto é bom! Seja você mesmo quando escrever.

10. QUATRO PERGUNTAS SOBRE ARRANJOS DE MÚSICAS PARA A CONGREGAÇÃO CANTAR:

- O que caracteriza a música para a congregação cantar melhor?
- Qual a essência da música, e como posso fazer um arranjo que permita à música mostrar esta essência?
- Como escrever destacando os pontos fortes dos meus instrumentistas? Qual o comprometimento pessoal dos instrumentistas e o tempo disponível para ensaiar o arranjo?
- Existe um contexto ligado à música, ao culto ou aos músicos que permitiria algo novo? (Isto não deve ser forçado... Pode ser que a resposta seja "não").

CANTE!

UMA CODA FINAL

Gary Haugen, CEO da Missão Internacional de Justiça, recentemente compartilhou conosco uma história sobre um líder de direitos civis que, no começo da luta, foi fortemente vencido e voltou para casa aparentemente como um fracassado. Quando lhe perguntaram se houve, em todo o episódio, algo que o encorajou, ele disse que foi grandemente encorajado porque no meio de sua derrota, ele havia se convencido finalmente que um dia ele ganharia. Por quê? Porque eles tinham as canções que o povo estava cantando... as melodias que levariam o movimento adiante. Sabia que quem tivesse as canções teria as pessoas.

John Newton, no prefácio de uma de suas coleções de hinos publicada em 1779, escreveu sobre aqueles pelos quais estava escrevendo os hinos, que "enquanto minha mão puder escrever, e minha língua falar, será o empreendimento e prazer de minha vida, procurar promover seu crescimento e estabelecimento na graça de nosso Deus e Salvador". Que este seja também o seu alvo em tudo que escrever e arranjar.

AGRADECIMENTOS

O primeiro dia em que nos vimos foi em maio de 1999, e escrevemos juntos uma canção. Desde então, temos trabalhado juntos; no percurso, nos casamos e temos três lindas filhas.

Pensávamos ter aprendido o máximo que precisávamos aprender sobre escrever com o nosso cônjuge; e, então, depois de compor músicas por algum tempo, começamos a escrever juntos um livro. Keith o descreveu como "dar à luz" (os homens sabem pouco disso — ele sugeriu isto somente uma vez).

Com certeza nunca sentimos maior dívida de gratidão pelo encorajamento e a sabedoria daqueles que Deus colocou em nossas vidas para nos ajudar a construir a mensagem deste livro, sofrer nossa quase neurose, e nos animar como pessoas, como casal, como pais, como músicos, como membros da igreja local, e como parceiros no ministério de cantores do evangelho.

Agradecemos a nossas filhas – Eliza, Charlotte, e Grace — por nos ensinarem tanto sobre cantar juntos, em família, e estar conosco em todas as nossas aventuras. Que grande a alegria de ser seus pais!

Nossa gratidão a nossos pais — John, Helen, Gilbert e Heather — por terem nos introduzido ao amor, à vida, a Cristo e a cantar o seu louvor, e aos irmãos e familiares que tiveram suas infâncias constantemente interrompidas e frustradas por nosso entusiasmo e barulho.

Temos enorme dívida pela bondade constante e o suporte de nossos pastores e nossas igrejas — Glenabbey Church em Belfast, Irlanda do Norte (Gilbert Lennox, David Mairs, Chris Cooke); a Alistair e Sue Begg na Igreja Parkside, que nos trouxeram aos Estados Unidos, nos aconselharam durante todo o projeto (inclusive aconselhando-nos a não escrever um livro até que Keith tivesse quarenta anos), e continuam sendo uma igreja apoiadora. Também, a Jim e Kim Thomas na The Village Chapel, aqui de Nashville, Tennessee, que proveram um lar espiritual, apoio pastoral, uma comunidade criativa sem paralelos, e linda congregação cantante, para nos lembrar a cada semana da alegria que vem de cantar ao Senhor.

Agradecemos a todos em LifeWay e B&H — especificamente ao Dr. Thom Rainer por sua visão, Mike Harland por todos os cafés da manhã, e Jennifer Lyell e Devin Maddox, que provavelmente estarão balançando a cabeça por não acreditarem que este projeto finalmente chegou ao seu final. Somos gratos pela liberdade e graça que nos deram para este projeto antes mesmo do primeiro dia. Agradecemos a Robert Wolgemuth (e Nancy) e sua equipe que nos fizeram caminhar pela elaboração do livro, sempre com entusiasmo pelo que nós tentávamos fazer.

Nossa gratidão aos professores de música e de literatura, colaboradores criativos, sob os quais tivemos o privilégio de estudar e com os quais pudemos trabalhar — muitos para mencionar cada um, com exceção do gênio Stuart Townend que nos ajudou a formar, aperfeiçoar, contradizer, e articular tantas de nossas ideias.

Agradecimentos

Agradecemos à Equipe Musical Getty — Greg McNey, Joni McCabe, Josh Sutton, Beverly Bartsch, Becky Haight, e Peter Wahlers. Somos agradecidos a Brettan Cox e Abby Wahlers, que estiveram conosco, ajudando-nos a cuidar de nossas filhas durante esses últimos meses. Agradecemos à nossa banda que viajou muitos quilômetros conosco, para nos acompanhar no canto congregacional.

Nossa gratidão às pessoas indispensáveis que falaram profundamente à nossa vida e nosso trabalho, especialmente enquanto processávamos este livro, através de muitos telefonemas e e-mails e muito café (Keith) e chocolate (Kristyn). Em especial, queremos agradecer a Carl Laferton por nos ajudar a dar forma a este livro, Don Carson, Tim Keller, Paul Tripp, Joni Eareckson Tada, David Platt, Lawrence Kimbrall, Matt Merker, Jonathan Rea, Alistair Begg, Jim and Kim Thomas, Trevin Wax, Tim Challies, Robert Morgan, Paul McNulty, Sam Logan e todos do WRF, Stephen Cave, John Martin, Ed Stetzer, Warren Smith, Stephen Nichols, Gary Millar, Rick Holland, Bob Lepine, Os Guinness, Jon Duncan, Joe Crider, Tommy Bailey, Steve Guthrie, Deborah Klemme, e Eric Wyse.

Somos agradecidos a Dave e June Bullock, verdadeiros "cantadores de salmos"— que testificaram a fidelidade de Deus na música e na vida através de todas as circunstâncias, especialmente nesses últimos anos em que sofreram com a perda de seu filho. Vocês estão entre os amigos de mais longa data na América, e somos muito gratos a vocês em muito mais maneiras do que poderiam saber.

Agradecemos às muitas igrejas e grupos que nos hospedaram nesta última década de viagens; amigos e lugares antigos e novos que ajudaram a fazer crescer e dar foco ao nosso entendimento e a nossa paixão pelo canto congregacional.

CANTE!

Agradecemos a você, leitor e cantor junto conosco, pela oportunidade que este livro oferece de inspirar com esperança a você e a sua congregação, ou a sua liderança de música na igreja com uma visão pelo canto congregacional. Estamos sobre os altos ombros daqueles que nos precederam e que, ao escrever hinos e nos transmitirem seus pensamentos, nos deram a rica herança que temos na hinódia e expressão musical da igreja de hoje. Que nossas reflexões se juntem ao esforço de elevar a atenção dada a cantar na vida da igreja local, como também em dias futuros até que volte o Senhor Jesus. Quando, então, as nossas vozes se unirão às dos anjos, e de todos os santos que nos precederam e os que vierem depois de nós, para formar a corte do céu em louvor Àquele que está assentado no trono. Todo louvor, gratidão, honra e poder sejam a ele, para sempre e sempre, Amém.

Keith e Kristyn, Nashville, Tennessee

FIEL MINISTÉRIO

O Ministério Fiel visa apoiar a igreja de Deus, fornecendo conteúdo fiel às Escrituras através de conferências, cursos teológicos, literatura, ministério Adote um Pastor e conteúdo online gratuito.

Disponibilizamos em nosso site centenas de recursos, como vídeos de pregações e conferências, artigos, e-books, audiolivros, blog e muito mais. Lá também é possível assinar nosso informativo e se tornar parte da comunidade Fiel, recebendo acesso a esses e outros materiais, além de promoções exclusivas.

Visite nosso site

www.ministeriofiel.com.br

O ministério online Cante as Escrituras existe para conduzir igrejas a adorarem a Deus da forma que ele orquestrou em sua Palavra, servindo aos líderes e equipes de músicas.

No site você encontrará vários artigos sobre canto congregacional, equipes de louvor, recomendação e análise de hinos e canções contemporâneas.

Acesse
canteasescrituras.com.br

Esta obra foi composta em Arno Pro Regular 12, e impressa
na Promove Artes Gráficas sobre o papel Pólen Soft 70g/m²,
para Editora Fiel, em Dezembro de 2020